Thomas Lehr
Kafkas Schere

Thomas Lehr
Kafkas Schere

Zehn Etüden

WALLSTEIN VERLAG

Für Dorle

Man lernt das Matrosenleben nicht
durch Übungen in einer Pfütze ...

Franz Kafka

Tage ohne Kopf

Die Hunde waren aus dem Blau der Nacht aufgetaucht. Niemand hatte je von ihnen gehört. Ihr Gebell entsetzte uns, wir verloren die Kontrolle. Wir schlugen um uns, schrien. Wir flohen. Das Land vor uns konnten wir nicht erkennen. Unter unseren Füßen, die unentwegt voranhasteten, spürten wir einen unzuverlässigen, tückischen Grund. Kaum hörten wir unsere Schritte. Unser Atem dagegen wurde immer lauter und ebenso das Hecheln und Knurren der Hunde, das sich mit ihm vermengte. Oft konnten wir das eine nicht mehr vom anderen unterscheiden. Dann war es unmöglich zu begreifen, dass sie uns nicht längst schon niedergerissen hatten und die Zähne in uns vergruben. Sie klebten an uns wie die Schatten, die wir in die Hölle warfen. Manchmal traf uns ein Spritzer ihres Geifers in der Finsternis, oder ihre Lefzen berührten uns mit widerlicher Zärtlichkeit. Wir drohten mit ihnen zu einem einzigen panischen Körper zu verschmelzen, der über die abschüssigen Pfade durch die Landschaft hetzte, mit der Ausweglosigkeit eines Sturzes.

Auch nach Stunden, nach Tagen vielleicht schon sahen wir nichts, nirgendwo hellte das Dunkel sich auf. Unser Vermögen, weiter und weiter zu laufen, war so rätselhaft wie die Unermesslichkeit und die verächtliche Gnade des Geländes, die uns niemals stolpern und niederfallen ließ.

Wer schickte die Hunde? Die Frage bohrte in uns wie ein Messer in den Rippen.

Weshalb konnten wir die Hunde nicht überlisten? Denn es fanden sich Gelegenheiten, nach einiger Zeit änderte sich ja die Beschaffenheit des Landes. Manchmal glaubten wir Gewässer zu durcheilen, manchmal schlugen wir uns durch Büsche oder Gräser, die bis zur Brust reichten. Wir kletterten düstere Hänge empor und stürzten uns hinab, verbissen den Aufprall erleidend und sogleich wieder loslaufend, Haken schlagend, über hastig erahnte Risse und Spalten springend wie auf einem nächtlichen Gletscher oder einem Lavafeld. Nie verloren die Hunde die Witterung.

Jedoch gelang es ihnen auch nie, uns in den Rücken zu springen. An Kraft und Schnelligkeit schienen sie uns nicht zu übertreffen. Wir konnten sie nicht abschütteln, aber jedes Mal, wenn sie nach uns schnappten, glückte uns eine Bewegung, die ihre Zähne hart aufeinanderschlagen ließ. Wurden wir langsamer, erlahmten sie gleichfalls, beinahe als fürchteten auch sie etwas.

Als die Erschöpfung eintrat, nach vielen Tagen oder am Ende einer viele Tage andauernden Nacht vielmehr, erwogen wir den Kampf.

Hätte der Kampf einmal begonnen, dachten wir, musste die Angst doch verschwinden oder verdeckt werden von Wut und Leid. Würde uns der Schmerz des ersten Bisses lähmen? Oder könnten wir ihn hinnehmen, um einen fürchterlichen gezielten Schlag auf das Auge des in uns verbissenen Hundes auszuführen?

Man wäre imstande, einen Hund zu töten um den Preis einer begrenzten, aber vielleicht auszuhaltenden Verletzung, eines zerfleischten Oberschenkels oder des Verlusts der nicht schlagenden Hand.

Aber mussten die Hunde nicht gerade umgekehrt denken? Erwogen sie nicht, einen Schlag hinzunehmen, etwa auf ihren Schädel oder Rücken, um danach den tödlichen Biss anzubringen?

Seit wir die Hunde verstanden haben, verstehen wir auch ihr Zögern.

Ihr Lauern, ihr rasendes Abwarten, denken wir jetzt, ist ihre Unfähigkeit, den ersten Schlag auszuhalten. Ihr Verfolgen aber ist womöglich nur ein Nahebleiben-Wollen.

Es mag sein, dass wir ihnen ebenso furchterregend wie erbärmlich erscheinen.

Dabei wissen wir nicht einmal, ob sie Augen haben, an denen wir sie zerstören könnten.

Wir selbst haben weder Augen, noch Ohren, noch Mund. Hier unten. Hier unten sind wir ohne Kopf, die Hunde sehen noch nicht einmal eine Gurgel, an der sie uns packen könnten.

Endlich bleiben wir sitzen.

Wir warten.

Fast erscheint es müßig zu sagen, dass sie ebenfalls warten, dass sie sich sogar entfernen. Bald hören wir nur noch von weit her ihr verzweifeltes Heulen.

Es könnte der Tag kommen, an dem wir hoffen, sie hätten uns überholt und sprängen uns von vorne an. So unvermittelt wie eine Tür, die man machtvoll vor uns zuschlägt, wie eine blitzende silberne Tür, ein stählerner Spiegel eigentlich.

Dies wäre der Spiegel der Hunde, der keine Köpfe zeigt, niemals ein Gesicht. In ihm erschiene sonst unerbittlich der Jäger, unser Retter, der die Hunde nach uns schickt.

Kafkas Schere

Kafkas Schere solltest du besser nicht finden. Findest du sie aber, wäre es klug, sie nicht zu öffnen. Öffnest du sie, wirst du dir wünschen, es wäre dir nicht gelungen und du könntest sie dir wieder aus dem Herzen reißen wie einen Dolch.

Doch nun hast du ihre scharfen Blätter um einen spitzen Winkel auseinanderbewegt. Sie gerade noch wie einen Zirkel in eine vor Wörtern wimmelnde Seite zu stechen, kommt dir in den Sinn. Aber es ist zu spät. Du wirst sie nicht mehr loslassen und ihre schnappende, wie atmende Bewegung nicht mehr aufhalten können. Von nun an ist dies dein Leben: ein Schneiden der Sprache in der Welt.

Zunächst scheinst du gut voranzukommen. Anfangs hegst du die Vermutung, ein Messer hätte dir schon genügt. Für den schnellen Stich, den Schnitt durch die Kehle, die Scheibe Brot. Für jegliche Abmessung des einen Instruments findet man schließlich ein Gegenstück. Das Ziermesser entspricht der Fingernagelschere, und so ginge es fort bis zur Heckenschere und zur Machete. Doch Kafkas Messer hat es nie gegeben. Es hätte auf jedem Tisch liegen müssen, Soldaten trügen es an der Koppel, Mörder unter der Jacke. Mit einem Wort kann man töten, doch es ist schon schwieriger mit zweien. Im Prinzip, sagen manche, besteht eine Schere nur aus zwei Messern. Doch zeigt sich hier vor allem die Grobheit des Prinzips. Allein schon beim Ansehen der Tierwelt wird dir der Unterschied klar. Das Fangmesser, der Jagddolch, das ellenlange Instrument des Metzgers stehen gegen die allenfalls stutzende Praxis der Schere, die etwa gerade hier durch die Wolle des Schafes gleitet und seinen zartgliedrigen Körper befreit. Es ist wahr, dass in einigen wenigen Fällen die Schere entmannt, doch entleibt sie höchst selten. Und fällt dir irgendein Tier mit Messer ein, wohingegen doch die Krabbe, der Krebs, der Hummer über zunehmend kräftige und gefährliche zangenähnliche Scheren oder scherenähnliche Zangen verfügen?

Kafkas Schere nun trennt das dumpf sinnende vom rastlos grübelnden Tier. Der Dachs, der Hund, der Affe erkunden als Philosophen im Pelz den Bau, den Boden, das Astgewirr der Platane, das bis zu den Fenstern der Akademie reicht. Das Schwein dagegen, das Rind, selbst der Delfin scheinen im Trüben zu liegen wie rostende Messer in einer Pfütze. Hebst du an ihrer Seite den Kopf, in der Hoffnung, über ihnen hinge nicht immer nur das Schlachtermesser oder das Beil, könntest du noch auf die Vogelwelt verfallen. Sie teilt sich in zwei Parteien. Auf der einen, der klugen Seite bleibt am Ende nur die Krähe mit ihrem vermessenen Wahnsinn.

Was aber tut eigentlich eine Schere, was richtet sie aus? Sie nähert sich einem Material von zwei Seiten her, der linken und der rechten oder der oberen und der unteren. Das Material selbst, belebt oder unbelebt, muss eine gewisse Weichheit und Nachgiebigkeit besitzen, in der Regel wenigstens, da auch Äste und Knochen oder die Rippen einer gewölbten Brust von manchen Scheren zerknackt werden können. Sollte man denken, Kafkas Schere öffne vor allem den inneren zum äußeren Raum? Der Zweck der Schere, die sich mit jedem Schnitt vereint, sei doch aber die Trennung, heißt es zumeist. Besondere Scheren könnten dort wirken, wo die Trennung besonderen Aufwand mit sich bringt. Sie separierten die Spreu vom Weizen, den Kitsch von der Kunst, den Himmel von der Hölle, den Menschen von seinem Gott. Ist es nicht immer dasselbe Material, das ins Kreuz der Schere gerät und zerteilt wird, wenn sie sich zum Messer schließt? Um den Schnitt zu führen, benötigt man ohne vorgegebene Linie wenigstens eine Verschiedenartigkeit oder Grenze innerhalb des darauf gezeichneten Bildes. Wer es zeichnet oder gezeichnet hat, dürfte die wichtigste Frage sein. In Kafkas Fall könnte man annehmen, die Zeichnung erfolge stets blind oder absichtlich mit geschlossenen Augen.

Manche glauben auch, die Schere vereinige, statt zu trennen. Es ist eine Frage der Betrachtungsweise. Denn was man auch zerschneidet, die scharfen Blätter der Schere führen es zunächst zusammen, mit jedem Schnitt. Arm und Reich, Mensch und Tier, Glück und Unglück, Dummheit und List könnte man sich in wiederkehrender Vereinigung vorstellen, entfernt nur durch ein schnappendes Gelenk. Kafkas Schere, so heißt es, könne trennen und vereinen zugleich, wo es anderen schwerfiele, auch nur eines von beiden zu tun. Wer sie ergreift, gerät in eine neue und zugleich uralte Welt. Dort wird das Hindernis zum Vorteil, die Unmöglichkeit des Wunsches erscheint als Voraussetzung seiner Erfüllung, Hoffnung ergibt sich immer erst jenseits der vollkommenen Aussichtslosigkeit wie ein Meer unter dem Meer oder ein Horizont jenseits des Horizonts. Am Ende hebt man – eben blind und eben weitsichtiger denn je – die Schere mit einer panisch zitternden Hand. Man weiß, man hat nur diesen einzigen, alles entscheidenden Schnitt im Material des Lebens, in dem alle Bilder verschwimmen und die Gegenstände der Welt sich zu einer einzigen Rolle zusammentun, die immer feiner durch die Finger der freien Hand läuft, welche sie der schneidenden entgegenführt. Erneut erscheint nichts schwerer und nichts leichter, als die Scherenblätter zu schließen. Dir, Mensch, ist es ganz klar, dass der unvermeidliche Schnitt nur gelingen wird, wenn du keinesfalls entscheiden kannst, was deine freie Hand zwischen die Scherenblätter zwingt, die eigene gestraffte Nabelschnur oder jenen seidenen Faden, an dem das Leben hängt. Du wirst schneiden, und du fällst wie endlos in die eine oder in die andere Welt.

Die Fliegenden

Weil es den meisten im Schlaf geschah, glaubten sie zu Anfang noch, sie träumten wirklich. Sie erwachten in der Luft, an der Decke ihres Zimmers. Nervenzusammenbrüche waren häufig. Einige wurden wahnsinnig, da sie von dieser Welt zu gehen glaubten, das eigene Bett aus der Perspektive des vertikalen Abschieds zu sehen meinten, ihren eigenen liegenden Körper unter sich suchten, aber festhingen wie gasgefüllte Ballons und weder zurückfanden auf ihr Leintuch noch imstande waren, in etwas heimzukehren, das sie für die verbürgte Realität hielten. Man muss von den Abstürzen berichten, die sich in den ersten Wochen ereigneten. Die an den ungewöhnlichsten Orten aufgefundenen reglosen Körper sind ja für die öffentliche Wahrnehmung die ersten Anzeichen der Veränderung gewesen.

Doch reden wir lieber von dem Entzücken, das die Veränderung hervorrief. Nachts, am geöffneten Fenster. Man stieß sich ab wie vom Meeresboden und schnellte davon. In Europa war es Sommer. Die laue Luft, die dunkle Straße tief unter den Füßen, die Baumkronen von oben wie schimmernde Korallen, die Riffe aus Dachziegeln, dazwischen matt glänzende Autos, ein glühendes U-Boot, ein Bus als schlafender blecherner Hai. Soviel man weiß, begann es auf allen Kontinenten in der Nacht. Vielleicht flog man aus Scham zunächst im Dunklen oder aus Gründen der Sicherheit. Aber natürlich wächst die Freiheit im Laufe des Abends, und der Körper fand unbewusst, im entspannten, gelösten Zustand am leichtesten den Trick. Die Anwendung des Tricks brachte die Fähigkeit augenblicklich hervor. Sie kam aus dem Innersten, aus den Knochen, dem Fleisch, dem Blut, wie Jahrtausende lang in unseren Körpern vorbereitet, sie gelangte zum Ausbruch mit unheimlicher Perfektion. In dieser Hinsicht ist sie nur den Möglichkeiten vergleichbar, die dem menschlichen Organismus mit der eintretenden Geschlechtsreife plötzlich zur Verfügung stehen. Nach Tagen schon gab es Hunderte, die flogen. Ahnungslose Beobachter sahen große Schatten im Nachthimmel, lautlos dahinschnellend wie enorme Fledermäuse ohne Flügel, Menschen jedoch, die nicht gerade von Hausdächern oder Viadukten stürzten, sondern sich aufschwangen und über die Schornsteine setzten, als bewegten sich ihre Körper in einem fantastischen Film.

Zeitungen und Illustrierte berichteten bald. Sie brachten die ersten unscharfen Fotos von Fliegenden, den schleierhaft-fiebrigen Bildern vergleichbar, die man vor Jahrzehnten von den vermeintlichen Raumschiffen Außerirdischer gemacht hatte. Bald aber sah man im Fernsehen Einzelflieger aus der Nähe und ganze Fluggesellschaften, in brillanter Darstellungsqualität, Aufnahmen aus aller Welt. Man flog am Tag, über Städte und Dörfer, über Mexiko und Berlin, New York und Singapur, über arabische Wüsten und finnische Seen. Fliegende (von denen einige am Anfang unter zweifelhaften Bedingungen eingefangen und wissenschaftlich untersucht worden waren) gaben Interviews und erklärten bereitwillig den Trick, oft in spontan auf der Straße abgehaltenen Unterweisungen. Wenige erlernten das Geheimnis der Vögel sofort. Aber von hundert Kursteilnehmern spürte bald nach dem Unterricht etwa ein halbes Dutzend die Veränderung. Die Wissenschaft entdeckte keinen tieferen Grund. Rasch stellte sich heraus, dass es nicht an den Kursen lag, wenn einer plötzlich flog, auch wenn überall Schulen eröffneten, die jene sensationelle Kunst in kürzester Zeit beizubringen versprachen. Man kann die Geschäftemacher, die falschen Experten und gefährlichen Ratgeber nicht unter den Tisch kehren. Sie stellten sich so rasch ein wie immer neue Höhen- und Weitflugrekorde, wie die komischen und schrecklichen Unfälle durch ungeschützte Zusammenstöße, wie die Eroberung geradezu himmlischer gemeinsamer Genüsse und die erschreckende Beflügelung von Terrorangriffen und Kriminalität. Alles, so versicherten die Theoretiker, wäre in geordnete Bahnen zu lenken und nichts als die wundersame Erfüllung eines uralten Menschheitsraums gewesen, hätte sich die Veränderung fünf Jahrhunderte früher ereignet oder wären es wie zu Beginn gerade fünf von hundert Menschen geblieben, die als triumphierende Nachfahren des Dädalus keine Flügel mehr benötigten.

So aber schwingen sich Tausende und Abertausende empor – allüberall. Man schätzt, dass jeder Vierte in jedem Land der Erde die Veränderung erfahren hat. Allerorts beginnen sie glücklich zu lachen und springen frei in die Luft. Der Himmel über den Städten scheint wie von Schwärmen riesiger Stare befallen. Die Gefahr abzustürzen schreckt sie nicht, die Androhung längerer Haftstrafen in den Gefängnissen mit den neu erbauten großen Volieren hält keinen ab. An den Landesgrenzen bohren sich eisern und furchtbar die Hubschrauber in das schwebende und schreiende Netz der Menschenleiber. Wie die Jagdflugzeuge und die Linienmaschinen, die mit Sauerstoffmasken und Kälteschutzanzügen ausgestattete Hochflieger versehentlich zerschmettern, erinnern uns sämtliche Fluggerätschaften daran, dass der Traum schon ausgeträumt war, bevor er uns ereilte wie ein Virus mit herrlicher und tragischer Wirkung. Kein Beruf, keine Pflicht, keine soziale Rücksicht hält die große Masse der Auserwählten auf der Erde. Wären es noch viel mehr, wären es viel weniger, dann gäbe es vielleicht einen Weg. Jetzt aber fliehen sie nach oben und wieder in die Nacht, in Länder, die sie besser ertragen oder die schlechter gerüstet sind. Ein neues Kapitel wurde aufgeschlagen. Doch leider scheint es, als stünde auch dieses im alten, verzweifelten Buch.

Das Notizbuch

Alles beginnt und endet mit dem NOTIZBUCH. Es ist das erste Buch, das uns aufnimmt, und das letzte, in das wir hineinleben – mühelos und unausweichlich. Unser erster Seufzer, der früheste Ruf, das zufriedene Glucksen an der Mutterbrust stehen darin, ebenso wie das erste Lächeln, das Ausstrecken der Ärmchen, die ersten Schritte, das erste Wort. Keiner unserer kindlichen Laute wird vergessen, kein Kosename, kein lustig verdrehter Begriff. Lange bevor wir den ersten Buchstaben lernen, sind schon zahllose Seiten gefüllt, und beginnen wir das Schreiben, so notiert es gelassen und zuverlässig jedes Wort, jede Regung, jeden Gedanken, den wir beim Verfertigen der Sätze hatten, jede Furcht und jeden stummen inneren Fluch.

Das NOTIZBUCH war immer schon da. Es wartete auf uns zwischen den Beinen unserer Mutter, um uns aufzufangen wie ein Sprungtuch, bereit für jedes Detail. Es umschmiegte uns mit dem ersten Babydeckchen, dem ersten Strampelanzug, dem sanft rieselnden nachdenklichen Sand, den mit Wasser zur haltbaren Pampe verrührbaren Siliziumkörnchen, die wir mit unseren Kuchenformen auf die sensibel lauschenden Bänke des Spielplatzes setzten. Schafwölkchen zogen über uns hinweg und vermaßen uns sacht. Kleine

Vögel setzten sich auf Baumzweige, drehten ihr Köpfchen zu uns und die Linsen ihrer blanken Augen. Unser Schulranzen mit seinem sicheren Wissen, was für die nächsten Jahre einzupacken war, bildete ebenso einen Teil des NOTIZBUCHS wie der Bezug unseres Kopfkissens, der die Schrift unserer Träume saugt wie duftendes Lösch-PAPYRH. Die Welt ist die TAFEL, die wir beschreiben, und sie bietet uns ihre Begleitung an für jeden Weg, an jedem Ort. Kein umarmter Baum, dessen Rinde sich nicht an uns erinnert, keine Wand, die nicht den gegen sie Lehnenden speichert, keine Wiese, die nicht mit tausend Grasspitzen unseren Abdruck nahm, kein Sessel oder Sitz, der nicht unmerklich seinen klugen Finger in uns schob.

Wer die Augen aufschlägt, wird gesehen, das Ohr ist der Kanal für die Töne, die uns suchen, in unsere Nase dringen die molekularen Sonden des Geruchs. Das NOTIZBUCH ist die Welt als Vampir, der uns aus jeder Pore saugt, überall lauernd, begierig darauf, uns zu notieren, zu kopieren, zu verteilen, selbstredend nur, um uns zu dienen. Jeder Heizkörper kennt unser Leben, jeder denkende Esstisch verfügt über unsere Erinnerung. MAN kennt uns, um aus der SKIZZE, die wir sind, das BUCH zu machen, das aus uns besteht. Es mag sein, dass wir dessen Publikation nicht mehr erleben. Es könnte auch sein, dass wir sie gar nicht überleben könnten und es besser ist, NOTAT zu bleiben, bis zum letzten Augenblick. Am Ende fällt das NOTIZBUCH gnädig und wie zufällig mit unserem Sterbezimmer in eins, da es sich, ohne dass es auch nur des leisteten

Wunsches bedürfte, in den Projektionsraum unseres gelebten Daseins verwandelt und wiedergibt, was wir darzustellen versuchten, BLATT für BLATT, NOTAT für NOTAT. In freundlicher Abstimmung mit der uns noch verbleibenden Zeit wählt das ZIMMER die Geschwindigkeit, mit der es unser Dasein aufblättert, um es vorbeirauschen zu lassen, auf Wänden, Decke und Boden wie die Bilder der grandiosesten Achterbahnfahrt, angefangen beim Anblick jenes Lindenblattes, das aufbrach, uns zu suchen, und sacht auf den noch kaum gewölbten Bauch unserer Mutter fiel. Was darüber hinaus von uns bleibt, ruht vergessen in einem Krankenhausschränkchen. Es war ein bei einem obskuren Händler erstandenes, auf einem Speicher gefundenes oder in einer Erbmasse aufgetauchtes antikes Stück. Eingebunden in seltsames, womöglich aus einer Tierhaut oder aus nicht intelligiblen Pflanzenfasern gefertigtes Material, enthielt es Dutzende, ja über hundert weiße, reine, säuberlich aufeinandergepresste Flächen, zweiseitig, taub und stumm. Vielleicht aus Hadern und Lumpen, Fetzen historischer Kleidungsstücke gewonnen, aus alten Schafspelzen, musealen Teppichen, intelligenzlosen Tischdecken oder den Leinenbinden ausgewickelter Mumien, die man zerfasert, zerschnitzelt, zersetzt und gebleicht hatte, wurde jedes einzelne Blatt mit feinen rechteckigen Sieben aus dem Wasser geschöpft.

Mit diesem heute kaum mehr vorstellbaren, unerschwinglichen, nicht denkenden und nicht fühlenden sogenannten PAPYRH gingen unsere Ahnen derart sorglos und verschwenderisch um, dass sie sich damit sogar den Hintern wischten, ohne zu befürchten, sogleich ihre Nahrungsgewohnheiten, den Zustand ihrer Darmflora und ihre voraussichtliche Lebenserwartung aller Welt mitzuteilen. Auf die handtellergroßen, blütenweißen Spiegel zeichneten sie vertrauensvoll die verräterischsten Worte für ihr Glück, ihre Verzweiflung, ihre Begierde, ihr Versagen, ihr kühnstes Projekt. Das PAPYRH schwieg, und wer ganz sichergehen wollte, konnte es in eine Flamme verwandeln, deren Rauch sich in keinem Datenspeicher niederschlug. In einem solchen alten Notizbuch gibt es nichts weiter als ein PAPYRH nach dem anderen. Man schlägt es auf und findet das sakramentale, oblatenartige Schweigen eines handtellergroßen weißen Blattes, das keine Schnittstelle zu unseren Herzen und Gehirnen sucht, das über keinen sinnvollen Gedanken verfügt und über keinen vorbereiteten Satz. Das Notizbuch wird keines unserer Worte ergänzen, im Ansatz unterbrechen, aufspreizen, auf blutrote Wellenlinien setzen oder niedermähen mit einem angeblich korrekten Ausdruck seines WELTEN umspannenden LEXIKONS. Klaglos und verschwiegen wartet das Notizbuch auf die Tätowierung durch das unvermutete, unkontrollierbare Wort. Wenn ihr ein solches findet, so schweigt wie es selbst und schreibt leise und verbergt es beim Schreiben mit der Hand.

Der verborgene Sisyphos

Thanatos bereute nichts mehr als die Strafe, die er seinem alten Widersacher Sisyphos auferlegte. Einmal hatte dieser ihn mit narkotischen Stricken gefesselt und für Jahre daran gehindert, die Lebenden zu holen, ein anderes Mal war es Sisyphos gelungen, den Höllenhund ans Tageslicht zu locken und vor dem Eingang des Hades anzuketten, sodass er die vom Tod Gezeichneten vor dem Hinabsteigen schreckte und im Zwischenreich wirr umhertaumeln oder gar entkommen ließ. Als Thanatos den listigen Gegner bei dem Versuch ertappte, den Kahn des Charon leckzuschlagen, riss er ihn hinab und verhängte die fürchterliche Strafe, vor den Augen der Götter und der Menschen. Seither gibt es das Bild des Verdammten, der immer vergeblich den Stein zum Gipfel eines Berges emporwuchten muss, und seither grämt sich der Tod über diese eine seiner stets endgültigen Entscheidungen.

Kaum hatte er nämlich den Fluch und das Urteil ausgesprochen, beschlichen ihn Zweifel, bleich und lähmend wie die Fratze der Medusa. Die schlimmste aller Strafen, der größtmögliche Schmerz, die letzte Niederlage, die er dem Sisyphos hatte zufügen wollen, konnte nicht in der Pflicht enthalten sein, den Stein bergauf zu schaffen. Denn womit hätte er dem Verurteilen noch drohen können, weigerte sich dieser, die Schulter gegen den Felsbrocken zu stemmen? Bemühst du dich nicht, werde ich dich langsam in Stücke reißen!, konnte er zwar jetzt noch seinem Widersacher drohen, aber er musste sich der Möglichkeit einer frechen Entgegnung bewusst sein. Nun gut, würde Sisyphos mit jenem schiefen Lächeln anmerken, das man auf so vielen Darstellungen von ihm sieht, dann gehe ich doch lieber meiner geregelten Arbeit nach! Beim weiteren Nachsinnen über die Grundelemente der Strafe – den Berg, den Stein, den Mann – machte Thanatos eine schlimme Entdeckung nach der anderen, während der aus dem Leben gerissene Leib des Sisyphos neben ihm auf einem der schwarzen Felsen lag, noch kaum unterscheidbar von den Leibern derjenigen, die gerade angekommen waren und sich wie träumend auf den Straßen und Plätzen der Toten verteilten, benommen von der Erschöpfung ihrer umgekehrten Geburt. Den Stein hatte sich Thanatos als einen kantigen, übermannsgroßen Felsbrocken ausgemalt, dessen Ausmaße allein jeden Sterblichen in die Knie zwingen würden. Aber Sisyphos musste es gelingen, ihn fortzubewegen, ihn zu rollen, ihn in eine Höhe zu schaffen, die dem verdienten Ausmaß seiner Strafe entsprach. Um im Bild des Mannes der vergeblichen titanischen Anstrengung zu bleiben, war es nötig, dem Sisyphos gewaltige körperliche Kräfte zu verleihen und sich vor Augen zu halten, dass diese Kräfte mit jedem Jahrzehnt und Jahrhundert der Strafe anwachsen würden infolge der unausgesetzten Übung.

So wie er den Mann stärken musste, dem es beschieden war, stets wieder den Gipfel zu erreichen, musste Thanatos auch den Stein nähren, dessen unvermeidliche Abnutzung es dem Feind bei jedem seiner verzweifelten Aufstiege ein wenig leichter zu machen drohte. Der Berg selbst ragte nun, da er auf den schmächtigen Oberkörper seines Widersachers hinabsah, düster, als anscheinend unlösbares Problem, in Thanatos' Überlegungen auf. Denn schuf er die grauenerregend steilen Abhänge eines Felstitanen, wirkte es unwahrscheinlich oder gar lächerlich, gelänge es dem Bestraften, den Stein auch nur ein einziges Mal emporzuschaffen. Machte er es ihm aber leichter, gerade so leicht, dass er mit einer unmenschlichen Anstrengung, die in jeder Sekunde jede Muskelfaser und Sehne zu zerreißen drohte, das Ziel vergeblich erreichen würde, stellte sich das Problem des Tales ein, unvermeidlich und unerbittlich im Ausmaß der Gnade, wie ein Spiegelbild im hellsten Sonnenlicht. Je höher und gewaltiger der Berg, desto länger, erholsamer und triumphaler der Spazierweg hinab. Von nichts zur Eile getrieben, würde Sisyphos hinabschreiten, gefeiert vom stummen Applaus der Toten, die sich in Reihen entlang des Wegs staffelten. Dass das Tal den Berg spiegelte, war durch den Tod nicht zu ändern, auch wenn er dem bergab gehenden Widersacher dicht auf den Fersen bliebe, um ihm auf gehässigste Weise die erneut bevorstehende Mühsal auszumalen. Thanatos würde stets unglücklich bleiben mit der Gestaltung des Berges, und aus diesem Grund findet man die furchterregendsten Massive neben sich quälend lang dahinziehenden Hügelketten, steilste Felskaskaden und bisweilen, aus einer lachenden Verzweiflung heraus geschaffen, nichts weiter als einen Hügel oder eine Treppe mit wenigen Stufen.

Indem er den Blick von den steinernen Verhängnissen seiner Strafe abwandte, um ihn wieder vor dem Untergrund des schwarzen Felsens auf den reglosen Körper zu richten, den in Stücke zu reißen sein eigenes Urteil hinderte, musste Thanatos jäh das schwierigste Problem erkennen. Der Mann selbst stellte es dar, ganz gleich, welche Art von Stein oder Hügel er ihm schuf, erfüllt von Rachedurst. Bislang hatte Sisyphos ein jedes Mal der schweren Hand des Todes entgehen können, und auf seine tückische Art würde es ihm auch jetzt wieder gelingen. Damit er, in quälenden Äonen, seine Strafe hinnehmen, ableisten und durchleiden konnte, musste ihm nicht nur eine Art von Leben gegeben werden, sondern die schiere Unsterblichkeit. Würde Thanatos diesen Umstand, der den Feind augenblicklich auftrumpfen ließe, verbergen, brächte er sich um die köstlichen Momente, in denen er dem Verurteilten in der größten Anstrengung zuflüstern könnte, dass er diese Mühe wieder und wieder auf sich nehmen müsse, vergeblich und sinnlos, ohne Ausweg. Verschwieg er die ewige Dauer der Strafe, könnte er nicht verhindern, dass Sisyphos sich wie alle Sterblichen Hoffnungen auf ein Ende seiner Qualen machte, sei es nach hundert oder zehntausend Jahren, und bestünden sie auch aus nichts weiter als der Illusion, Thanatos selbst würde des Spiels überdrüssig und bescherte ihm den ewigen Frieden.

Schon jetzt, noch bevor der Stein auch nur einen Zentimeter fortbewegt war, musste Thanatos gegen die Versuchung ankämpfen, den stumm und unendlich listig auf dem Fels ruhenden Körper in seine Atome zu zerreiben. Wozu noch weiter nachdenken? Schaffe den Stein empor!, wollte er dem erwachenden Feind ins Gesicht schreien, sonst töte ich dich und deine noch lebende Frau! Und oben, am äußerst mühevoll erreichten Gipfel würde er erneut erscheinen, den Stein hinabstoßen und höhnisch ausrufen: Bringe diesen Fels sofort hierher zurück! Wieder und wieder! Und jedes Mal wird es vergeblich sein! – Ach, der Sisyphos konnte unmittelbar nach diesem Fluch seinen ersten Urlaub des nachdenklichen, erholsamen Hinabschreitens antreten, und alles, was Thanatos ihm dabei einflüsterte, würde er zu seinen Gunsten wenden. Auch wenn die Art des ewigen Lebens, die dem Verurteilten zukam, nichts weiter darstellte als einen zermürbenden Tod im Totenreich, konnte Sisyphos behaupten, auf eine ganz andere Weise leblos zu sein als die stummen Gestalten um ihn her, die jeglicher Aufgabe beraubt waren und kein Ziel mehr kannten. Er würde sich immer als besonders und hervorgehoben betrachten, ein Ausnahmemensch mit der Kraft, die Höhe zu erreichen und die Tiefe auszukosten. Niemals würde man ihm zur Gänze die Hoffnung auf ein mögliches Ende der Qualen rauben können und vielleicht noch weniger sein diabolisches Vermögen, den gemeinsten und abgefeimtesten Trick anzuwenden, der darin bestand, aus der Sinnlosigkeit der Strafe und der Ausweglosigkeit der Situation, beim Bergabgehen oder gar noch in der größten Mühe des Aufwärtswuchtens, einen regelrechten Kult zu machen, das Zeichen oder Symbol einer besonderen sinnlosen Sinnerfüllung, den Bildstock einer neuen Religion. Thanatos musste einsehen, dass nach dem Bekanntwerden seiner Strafe nur noch das Eine blieb: den Sisyphos zu töten, unverzüglich und ohne Gerede, bevor er auch nur den ersten Schritt einer Wiederholung der Aufgabe tun konnte.

Deshalb hat es zwar in der Sage, aber niemals in der Unterwelt einen Sisyphos gegeben, der die Toten zu furchtbaren Aufständen angestiftet hätte. Thanatos hob den schlaffen Körper vom Fels empor. Es blieb nichts zurück außer dem Bild der Strafe, das nur andauern kann, wenn man es in seinen wichtigen Elementen verdunkelt. Niemand soll je den wahren Sisyphos zu Gesicht bekommen. Der Stein ist einmal riesig, einmal fast lächerlich klein und leicht, der Berg oft nichts weiter als eine mäßige Erhebung in einer dunklen Gasse. Da die Zeitdauer eines jeden Lebens genau halbiert werden kann, vermag keiner etwas gegen das Erreichen des Gipfels zu unternehmen und gegen das Wüten des verbissen schweigenden Thanatos, der uns vom schwarzen Felsen klaubt, bevor wir imstande sind, den Stein aufs Neue zu berühren.

Ein Künstlerbesuch

Ich besuche mich wie einen Kranken, mit einem Blumenstrauß, einer Schachtel Pralinen, mit Äpfeln, Bananen, Orangen, mit einem neuen Buch. Doch nichts davon kann ich annehmen. Mein Gesicht scheint gegen eine Wand gepresst, und wenn ich den Kopf heben will, um etwas zu sehen, muss ich ihn weit ins Genick biegen.

Gute Besserung!, rufe ich mir zu, bin mir aber nicht sicher, ob dieser Satz aus dem Mund des Besuchten oder dem des Besuchers kommt. Meine Arme scheinen nach unten zu hängen. Beim mühevollen Blick hinab kann ich etwas Unruhiges, sich matt Bewegendes erkennen, schwarzes Wasser anscheinend, auf dem sich nichts widerspiegelt. Ich besuche mich wie einen Freund, mit einer Flasche Rotwein. Auf dem Etikett ist zu lesen: Vorsicht! Enthält Gift der bittersten Stunden! Enthält Triumph!

Die hängenden Arme scheinen mich eher zu stützen. Meine Hände greifen in den Fels einer Wand. Ich scheine eine Art Handstand zu machen. Allerdings berührt meine gesamte Vorderseite den Fels, sodass ich, wenn ich es recht bedenke, kopfüber, mit dem Gesicht zur Wand, abstürzen müsste, was jedoch nicht geschieht. Ich klebe an der Wand wie ein abwärts kletterndes Insekt, eine Eidechse oder ein Gecko. Der Krankenbesucher und der Freund, der ich mir zu sein versuche, bewundern meine Haltung. Du scheinst voranzukommen, sagen sie tröstend.

Tatsächlich habe ich das Gefühl, dass sich das schwarze Wasser von mir entfernt, dass ich nicht stürze, nicht hinabgleite, sondern dass ich langsam und stetig aufwärtsstrebe. Nichts stimmt mich fröhlicher. Offenbar fürchte ich auch nichts mehr als dieses Wasser. Nur weil ich jederzeit in der Lage sein will, einen Blick darauf zu werfen, bewege ich mich auf eine solch groteske Weise nach oben. Ich besuche mich wie eine Geliebte. Da ist die Wand, sie reibt gegen mein Geschlecht. Was ich hinter mir gelassen habe, eine vertikale Kriechspur, ist alles, was von mir bleiben wird. Glücklicherweise ist es nichts Persönliches. Man könnte sagen, die Wand habe zuvor schon dieses Aussehen gehabt. Alles, was ich wollte, war, Teil des Steins zu werden.

Ich besuche mich wie einen Irren. Niemand bewegt sich auf eine solche Weise fort, keiner versucht dem Wasser des Vergessens auf eine derart aufwändige, einzigartige und bizarre Weise zu entkommen. So scheint es mir wenigstens, in meiner selbstsüchtigen Isolation.

Aber den Besuchern, die unten auf den Kähnen vorbeigleiten, bietet sich das gesamte Bild, wenn sie es wagen, sich von der Wand zu entfernen. Manche waren wohl so unvorsichtig, eine Hand oder einen Fuß in das Wasser zu halten, dessen stumpfe Oberfläche das Gegenteil eines Spiegels zu sein scheint. Große Gruppen von Amputierten stehen auf den Kähnen, klaglos, staunend. Es ist schwer vorstellbar, dass so viele den Fehler gemacht haben, ihre Gliedmaßen ins schwarze Wasser zu tauchen, da sie doch die Verluste der anderen direkt vor Augen hatten. Nicht nur Hände, Arme, Füße und Beine sind verschwunden, sondern auch Teile der Schultern, des Torsos. Bei einigen fehlt schon der halbe Kopf. Etwas wie Strahlung scheint von dem flüssigen Medium auszugehen, durch das sich die Kähne bewegen, und unerbittlich löscht es die Fahrgäste einen nach dem anderen aus.

Ich besuche mich ein letztes Mal, nachdem ich – wie mir scheint, ein Leben lang – in der unendlich mühsamen Art einer kopfüber und rückwärts emporkriechenden Eidechse an Höhe gewonnen und an Kraft verloren habe. Meine Spur ist nichts als ein schwach glimmender Streifen am Fels. Ich dachte mir einmal, es müsste ein vertikaler silberner Balken sein, eine Klinge, ein Pfeiler, ein Turm. Kurz bevor ich loslasse und endlich genauso schrecklich hinabstürze wie befürchtet, sehe ich die anderen Künstler, gleichfalls rückwärts emporkriechend, zitternd an die Wand geklebt. Ich bin nicht weit genug gekommen in der Senkrechten, um einen guten Überblick zu haben.

Nur von den Kähnen aus, auf denen sich unaufhaltsam das Löschwerk vollzieht und ein Zuschauer nach dem anderen zu Teilen und schließlich in Gänze eliminiert wird, ausradiert von der Schattenstrahlung, kann man das große Schauspiel der Kletterkunst genießen. Nur von dort sieht man Hunderte, gar Tausende von Künstlern, kopfüber, immer nur auf das schwarze Wasser starrend und nie auf den Nebenmann, grotesk an der Wand emporzucken. Lautlos fallen sie hinab, sobald ihre Zeit gekommen ist.

Wenn sich die Besucher auf den Kähnen, die gleichfalls und oft auch nach einer ähnlichen Zeitspanne verschwinden wie die Kletterkünstler, fragen, was diese ihnen voraus haben, müssen sie nur an die grandiose Tiefe denken, die allein die Aufgestiegenen infolge ihrer lebenslangen Bemühung beim Hinabstürzen und Eintauchen ins Vergessen erreichen. Besonders Wagemutige und Glückliche heißt es, gelangten sogar bis zum Grund. Von dort könnten sie, für Äonen auf dem Rücken liegend wie tote Kaiser, mit neuen, ungeheuren Augen versehen, zuschauen, wie sich die Kähne an der Oberfläche bewegten und mit welch anrührenden, arabesken Silberspuren ihre Kollegen von oben herab in die Namenlosigkeit einschlügen.

Natürlich ertaucht kaum einer den Grund. Fast jeder treibt empor zu den Kähnen, wird hinaufgezogen und verschwindet dann langsam, auf die übliche Art. Immerhin sieht er als gewöhnlicher Passagier noch eine Zeit lang das wunderbare, erbarmungswürdige Bild, das die Kletterkünstler abgeben, und er könnte auf die Idee kommen, einen von ihnen zu besuchen wie einen Kranken, mit einem Blumenstrauß, einer Orange oder einem neuen Buch.

Die Babylonischen Maulwürfe

In den ersten Jahren der Lernzeit beschäftigten sich viele von uns mit der Vorstellung der riesigen Maulwürfe, die für die anfänglichen Erdarbeiten herangezogen worden waren. Einige glaubten, dass sie noch lebten, auch wenn ihr Einsatz Jahrhunderte zurücklag. Ihre enorme Größe, dachten sie, ermögliche den Tieren ein biblisches Lebensalter. Durch den Einzug der umliegenden Städte und Länder in den Turm sei zudem viel freier Platz entstanden, und Unmengen von Nahrungsmitteln wären den Maulwürfen verblieben. Da niemand sie mehr störe oder vertreibe, hätten sie es nach einer gewissen Zeit auch vorgezogen, auf der Erdoberfläche zu leben. Die Beschränkung ihrer Anzahl – man schätzt zwischen fünfhundert und tausend Exemplare – sei für die einzelnen Tiere ein Glück gewesen, da sie sich keine Konkurrenz um das Futter machen mussten. Es wurde allgemein angenommen, dass man nur ein Geschlecht am Leben gelassen habe, bevor sich die Pforten des Turms endgültig schlossen, denn die mögliche Vermehrung wäre zu bedrohlich gewesen. So aber habe man die Fundamente dahingehend berechnen können, dass die vorhandene Anzahl der Maulwürfe auch bei größter anzunehmender Lebenszeit den Turm in keiner Weise bedrohen konnte.

Weshalb man nicht alle Tiere vernichtete und welches der beiden Geschlechter zurückgeblieben war, gab uns Anlass zu vielen kindlichen Überlegungen. Gewiss mag die Dankbarkeit für den Arbeitseinsatz der Tiere eine Rolle gespielt haben. Ich entsinne mich eines Mitschülers, der behauptete, die Weibchen seien getötet worden, da sie es nicht ertragen hätten, keine Jungen mehr zu bekommen. Ein anderer Schüler war der Ansicht, es sei überhaupt kein Tier beseitigt worden, sondern man habe die Geschlechter nur getrennt, natürlich auf die einzig mögliche zuverlässige Weise, indem man sämtliche Angehörige des einen Geschlechts innerhalb des Turmes behielt. Wegen der außerordentlichen Kraft und Wildheit der Tiere, denen auf Dauer auch die dicksten Kerkermauern nicht hätten standhalten können, sei der beste Aufenthaltsort naturgemäß das immer weiter in den Himmel wachsende oberste Stockwerk gewesen, zumindest nach der Bauzeit von einigen Jahrzehnten, als man eine Höhe erreicht hatte, aus der jeder sehnsuchtsvolle Sturz nach unten – sei es der eines gewaltigen Weibchens, das nach Kindern verlangte, sei es der eines jungen, vom Trieb gehetzten Männchens – zwangsläufig zum Tod führen musste. Wie viele meiner Freunde und Freundinnen litt ich unter der Vorstellung der unendlichen Trauer, die sich über die Maulwürfe der Erdoberfläche legen musste, wenn sie endlich einen Angehörigen des anderen Geschlechts erblickten: erst aus dem Himmel stürzend wie einen Fels und dann tot zu ihren Füßen oder vielmehr enormen Grabschaufeln liegend.

Historiker, die uns freilich niemals besuchen können, würde die Nachgiebigkeit erstaunen, mit der man unserem kindlichen Interesse für die Maulwürfe begegnete. Nicht, dass wir von ihnen im Unterricht gesprochen oder sie sonst zum regulären Schulstoff gehört hätten, der nach wie vor einzig dem Emporstreben, der Ersteigung, den Techniken der Verständigung und der Kombination von Vertikalität und Stabilität gewidmet ist. Aber man ließ uns die Märchenbücher und erhob keine Einwände gegen die Zeichnungen, die wir von den großen Tieren anfertigten. Man gestattete uns sogar, die primitiven Masken und Plastiken aufzubewahren, die wir aus den Materialien fertigten, von denen sonst doch jedes Gramm der Erhöhung oder Verstärkung des Turms zu dienen hatte. Anscheinend begriffen die maßgeblichen Stellen die Notwendigkeit der Auseinandersetzung mit jener elementaren Lebensform, die einmal grundlegend für unsere Kultur gewesen war, da sie den Kellerraum für die ungeheuren Fundamente des Turmes schuf.

Die am Baugrund zurückgebliebenen Maulwürfe faszinierten uns allein schon aufgrund ihres Wohnortes. Die Idee einer Zwischenexistenz, einer Fortbewegung auf der Oberfläche des gewölbten braunen Schilds der Erde, waagerecht und haltlos, unter den darüber getürmten unendlichen Massiven blauer Luft, erregte uns so eigentümlich, dass Tränen über die kleinen Gesichter strömten und wir uns nur beruhigen konnten, wenn wir uns vergegenwärtigten, dass sich die großen Tiere mithilfe ihrer Grabschaufeln ja immer wieder in den Boden zu wühlen vermochten, um sich in Stille und Dunkelheit zu erholen. Die verzweifelten, unbeholfenen Bewegungen, zu denen ihr plumper Körper sie verurteilte, machten sie uns Kindern ähnlich, gerade wenn wir anfänglich bei der Bedienung der komplizierten Maschinen des Aufbaus versagten.

Natürlich faszinierte uns die Leidenschaft der Maulwürfe für das Wühlen, das innerhalb des Turms strengstens verboten war. Und sie glichen uns ja auch, wenn freilich aus ganz anderen Gründen, in der Unfähigkeit, sich fortzupflanzen. Gerne stellten wir uns vor, dass sie so hilflos und innig rochen wie wir, wenn es uns gelungen war, einige Tage lang den düsteren Bädern zu entgehen. Aber unser stärkstes Mitleid erregte ihre Kurzsichtigkeit, die besonders tragisch schien, da sie an einem unvergleichlichen, zwiespältigen Ort lebten, an dem sie nicht nur die Himmel hätten studieren können und immer wieder die Erschöpfung eines endlos langen, sich in purer Weite verlierenden Blicks, sondern auch den Turm selbst in seinen gigantischen Ausmaßen, der unseren Augen doch immer so verborgen bleiben musste wie einem Würmchen das Bild eines riesigen Baumes, in dem es nagte.

Inzwischen sind Jahrzehnte vergangen. Stein wurde auf Stein gehäuft, Schicht auf Schicht. Der Himmel hat sich so weit genähert, dass sein unbekanntes Licht durch die Mauern hindurch zu strahlen scheint, und deshalb wunderte es mich längere Zeit und noch bis vor Kurzem, dass ich mich am Ende meines Lebens mit etwas so Fernliegendem und Versunkenem wie den Maulwürfen beschäftigte. Hielt ich mir allerdings das Ausmaß unserer kindlichen Faszination vor Augen, dann schien doch verwunderlicher, dass wir einmal – ohne äußeren Zwang und wie auf einen Schlag – gänzlich aufgehört hatten, uns mit den Maulwürfen zu beschäftigen. Die mir zugängliche Wissenschaft führte das Phänomen auf die einsetzende Geschlechtsreife zurück. So mochte es, in der Abenddämmerung meines aufwärtsstrebenden, rastlos der Erhebung der Völker gewidmeten Erwachsenenlebens, in dessen Verlauf ich zahlreiche Kinder gezeugt und an die Arbeitsheere übergeben habe, wie es der Brauch ist, die schwindende Fortpflanzungsfähigkeit sein, die mir erneut die Fragen des Anfangs eingab.

Gewiss, sagte ich mir, wäre die Vorstellung der Wohnorte der Maulwürfe nicht so erregend gewesen, wenn im Turm nicht ein solches infernalisches Gedränge geherrscht oder es jemals Fenster anstelle der Naturbildschirme und anderer künstlicher Lichtquellen gegeben hätte. Und würde man das Verbot der Abwärtsbewegung nicht schon in Vorschulzeiten, auf Schautafeln, in grell leuchtenden schriftlosen Büchern so drastisch illustriert haben, hätte uns die Idee des Sich-Hinabwühlens wohl weniger gereizt.

Die Unerbittlichkeit des Verbots wurde uns durch die beiden einzig zugelassenen Ausnahmen vor Augen geführt, deren Nutznießer, falls ein solcher Begriff hier noch verwendet werden darf, uns von Kindesbeinen an erschreckten: Sterbende nämlich, die willenlos und wie in Trance gegen unseren gewaltigen Strom anwankten, und jene glücklichen, verzückten, wahnsinnig lallenden Verwirrten, deren Sprache noch nie jemand gehört hatte und die infolge ihres Zustands noch rascher unter unseren aufwärtsdrängenden Reihen begraben wurden als die Moribunden. Was die Sprachen im Allgemeinen und im Besonderen anging, lag es nahe, dass wir, die wir fortwährend und pausenlos neue Sprachen zu lernen hatten – sodass auch die Untalentiertesten gegen Ende ihres Lebens fünfzehn oder zwanzig leidlich beherrschten –, bisweilen davon träumten, mit der Stummheit der Maulwürfe geschlagen zu sein oder ihre Fähigkeit zu besitzen, unter allen Umständen zu schweigen.

Heute, nachdem ich das oberste Stockwerk betreten habe, das natürlich kein einfaches Geschoss ist, sondern ein Begriff für einen aufwärtsschießenden Katarakt von Räumen und übereinandergetürmten Sälen, erscheint mit einem Mal nichts verständlicher und zwingender als die erneute Beschäftigung mit den Maulwürfen. Ich bin glücklich, dass ich ihre Bedeutung schon einige Zeit vor dem Erreichen der Schwelle ahnte, an der wir zwischen drei Möglichkeiten wählen müssen, nämlich im Vollbesitz unseres erworbenen Glaubens zu springen (das endlose Trottoir der Mauersteine hinabzueilen in jenem glücklichen und sozialen Flug) oder die todbringende Droge zu nehmen, nach deren Einnahme es einem das einzige Mal im Leben gestattet ist, gegen den Strom der Völker nach unten zu taumeln, oder erleuchtet und wahnsinnig zu sterben, zumeist schon in den Höhen des Turmgehirns.

Die ungeklärten Fragen zu den Maulwürfen ließen mich die dritte Möglichkeit wählen und die Schwelle überschreiten. Denn zu solchen Grenzen führte schon immer mein Weg. Ich hatte mich erneut mit trotzigem Kindersinn gefragt, ob nicht die Sprachlosigkeit der Maulwürfe der Idee einer allgemeinen Verständigung näherkam als unsere lebenslängliche Mühe. Auch ihre Blindheit oder Kurzsicht konnte sich von großem Vorteil erweisen, wenn man eben nicht – wie wir es als Kinder zumeist getan hatten – das auf der Erdoberfläche zurückgebliebene Geschlecht betrachtete, sondern das andere, das stets dem blendenden Licht des Himmels ausgesetzt war und ihm näher und näher rückte, weil der emporwachsende Turm es immer weiter nach oben trug oder vielmehr nach oben getragen hatte. Klarsichtige Wesen auf der höchsten Plattform des Turms wären wohl schon nach ein oder zwei Jahrhunderten, beim Blick hinauf in das einzige, ungeheuerliche Fenster, dem Wahnsinn verfallen. So aber konnte es sein, dass die versiegelten Augenlider der Maulwürfe ihre großen behaarten Leiber am besten schützten, und vielleicht hinderte sie ihre Blindheit auch lange Zeit daran, zu bemerken, dass sie nur einem einzigen, sortierten Geschlecht angehörten.

Nach einer gewissen Zeit, einer historischen Epoche, die womöglich den langen Zyklen ihrer Körpersäfte entspricht, mussten sie aber ihre Situation erkannt haben. Weshalb verhielten sie sich weiterhin friedlich?

Weshalb wendeten sie sich nicht gegen die Konstrukteure und Erbauer des jeweils obersten Stockwerks, mit denen sie fortwährend in engster Verbindung standen, ja deren Befehlen sie gehorchten, denen sie im Verlauf vieler historischer Perioden mit ihren ungeheuren Leibeskräften gedient haben mussten? Denn anders kann die gewaltige Bauhöhe nicht erreicht worden sein, von der wir ausgehen müssen, um zu erklären, weshalb der Turm, der doch jeden Tag und jede Stunde unerbittlich kleiner wird, nicht schon längst verschwunden ist. Niemals lässt sich die Spitze eines Bauwerks gleichermaßen sichern und stabilisieren wie sein Fundament. Die hinaufziehenden Völker – so weit vertrauen wir den jüngsten Generationen, die auf jeder neuen Ebene unsere ermahnenden und drohenden Gesetzestafeln vorfinden – haben die Stockwerke, die sie unter sich zurückließen, ausgegossen zu einem von Menschenhand nie wieder durchdringbaren Sockel. Auf der Krone des Turms aber war eine solche Verfestigung unmöglich. Und es ist auch nicht vorstellbar, wie man durch Einschüchterung oder Dressur die Maulwürfe jahrhundertelang gegen ihren Willen und Geschlechtstrieb zum Weiterbauen hätte zwingen können.

Folglich bleibt nur die Annahme, dass die mächtigen Tiere sich freiwillig und sogar mit Begeisterung dem mönchischen Dasein und dem Aufbau ergaben. Jenseits der Schwelle, auf dem Gipfel der letzten Erhebung, jetzt, wo dieses von oben kommende Geräusch immer stärker geworden ist, zu unerträglichem Lärm

42

und Getöse anschwillt, zu einem entsetzlichen Brummen und Schaben des gesamten Himmels, brauche ich nicht mehr daran zu zweifeln, dass sich die Maulwürfe des obersten Stockwerks und die am höchsten fortgeschrittenen Konstrukteure der Menschheit einig waren, solange sie nach oben strebten, und einig waren, als das Licht der Erkenntnis in ganzer Stärke auf sie fiel. Die Ahnung einer neuen, einzigartigen Sprache war ihnen zu einem Raunen, zu einem Murmeln, zu einem fast schon verständlichen Flüstern geworden und schließlich zum unausweichlichen Wort. Etwas davon haben jene glücklichen Irren wohl verstanden, die uns in so vielen Jahren des vermeintlichen Aufbaus immer wieder sterbend entgegenwankten, mit ihrem unübersetzbaren heiligen Lallen.

Die überwältigende Mehrzahl der Menschen scheint aber das Vernehmen der großen Sprache nur zum Sprung hinab zu bewegen oder zum geduldigen Warten auf die Klauen der Maulwürfe. Jene alten und mächtigen Tiere aber, die notwendigerweise der ersten Generation angehören, sprechen noch immer nicht, sondern handeln stumm. So ist ihre Erkenntnis, die Einsicht von Wesen, die dem Licht nähergekommen sind als irgendjemand sonst, ganz ununterscheidbar von ihrem alles niederreißenden Drang nach dem anderen Geschlecht. Wir Menschen empfangen nur durch sie einen letzten Schimmer aus der einstigen Höhe.

Ganz kurz bevor uns die Maulwürfe mit den niederbrechenden Mauerringen hinabstoßen oder unter ihren Klauen begraben, ist es uns gestattet, die runden silbernen Tafeln zu lesen, die sie um den Hals tragen.

Darauf wurden die ersten Sätze geschrieben, mit denen die Schulbücher der künftigen kleinen Maulwürfe beginnen sollen, nachdem die Geschlechter ihrer Eltern sich erneut auf der Erde vermählten. Wie ich jetzt sehe, lauten sie: *Um den Turm zu Babel niederzureißen, den sie so prachtvoll errichtet hatten, benötigten seine Erbauer zahllose Jahre. Ebenso lange Zeit war notwendig, um ihre Sprachen zu verwirren. Aber erst die Maulwürfe des Himmels beendeten die Geschichte.*

Das Kinesische Zimmer

Das Kinesische Zimmer, andernorts auch The American Room genannt, erstreckt sich in deinen ersten Jahren fast über die ganze Welt. Wie endlose Prärien an endlose Prärien, wie weiteste Steppen an weiteste Steppen dehnt sich sein einziger Raum. Nähme man etwa nur seine linke, westliche Wand als Mauer und fügte sie zu einem Ring zusammen, könnte man leicht alle Kinesen darin einschließen und trotz ihrer Wildheit sogar sämtliche Amerikaner. Ausgeschlossen scheint, dass ein von einer beliebigen Stelle des unabsehbaren Randes her auf dich zu galoppierender Mustang dich je erreicht, selbst wenn er sein Leben lang geradewegs in deine Richtung liefe, geleitet von einem untrüglichen Instinkt. Gleicherweise dürfte der Pfeil, den der gewaltigste Held für dich und an deiner Stelle hinausschießt, direkt zum Zentrum des Horizonts, kaum je einen nennenswerten Bereich des Zimmers durchfliegen. Zu gewaltig und maßlos dehnen sich die Räume des Kinesischen Zimmers aus. Nach Jahren des Flugs wäre der Pfeil so ermüdet, dass er es nicht mehr vermöchte, eine Schildkröte zu überholen, die seit ihrer Geburt unbestimmt nach außen kröche, nur aufgrund ihrer archäologischen Alterskraft imstande, sich am Ende ihres Lebens ein ersichtliches Minimum vom Zentrum des Raumes entfernt zu haben.

In einem solchen Zimmer also steht deine Wiege. Du denkst, du würdest die Sterne berühren, wenn du nur deine Arme lang ausstrecktest, und durch die Matratze hindurch gelangte man leicht in das unergründliche Labyrinth eines Baus, in den niemand dir folgen könnte, ohne im baldigen Schwindel seines Orientierungsvermögens so lange irrezugehen, bis er des Hungertods stürbe. Deshalb liegst du ganz sicher auf der Matratze, fast frohgemut, in einem zu knapp geratenen Anzug, als wärest du genauso geboren. Vielleicht bedeutet das Zwicken unter deinen Achseln und der Anblick der zu weit aus den Ärmeln ragenden Handgelenke, dass du gewachsen bist. Noch aber liegt der Gedanke dir fern, dass du dich einmal verändert haben könntest oder dich gar andauernd und immer noch verwandelst und dass du am Ende oder am Anfang all dieser Veränderungen deine gesamte Existenz einem äußeren, einmaligen und abscheulichen Vorgang verdanken sollst.

Schon immer wolltest du so sein, wie du bist, in dem kurzen Anzug, in dem du dich nun auf die Bettkante setzt, um deine abgewetzten Schuhe zu betrachten. Doch gewiss, es könnte eine frühere Lebensphase gegeben haben, in der du das braune Leder dieser Schuhe strapazieren musstest. Auch scheint es einen abgelegten Schulranzen zu geben. Du findest ihn sogar, nach längerem Suchen. In seinen Fächern entdeckst du eine tote Maus und ein geografisches Werk.

Leicht wie Papier hebt sich der Kadaver der Maus. Die Landkarten des Werks, allesamt knittrig an den Rändern und befleckt wie nach einem erschöpfenden Studium oder täglichem rückhaltlosen Spiel, erscheinen als bestürzende und beglückende Folge einzigartiger Verkleinerungen. Rasch wird die große Schwärze des Alls, deren Ränder die Wände deines Zimmers berühren, von funkelnden Sternen durchsetzt. Bald sind es nur noch einige wenige, dann lebst du unter einem Dutzend Planeten, das lichtlos um eine einzige Sonne, die Deckenlampe deines Zimmers, kreist. Es scheint nur noch einige Länder zu umfassen und die Ahnung eines fernen Kontinents.

Ohne Zweifel reicht aber das Kinesische Zimmer, The American Room, noch bis an den Horizont. In der grenzenlosen Vorzeit muss deine Kindheit vergangen sein. Man scheint dich nicht unterrichtet, oftmals aber schwer geprüft zu haben. Immerhin wirst du ernährt, obgleich du keiner Arbeit nachgehst. Dabei ist es kaum zu sagen, was du isst. Du bewegst dankbar die Kiefer, während du deinen Überlegungen nachhängst, und nach einer Weile signalisiert dir ein jäh sich im gesamten Körper wie ein Feuer ausbreitendes Schuldgefühl, dass du genügend zu dir genommen hast. Kleine Pfützen Bier am Boden zeigen an, dass auch dein Durst gestillt wurde.

Wem du das alles, deine Existenz und ihre grandiosen und rätselhaften Lebensräume verdankst, wird dir nach und nach an der immer ungeheuerlicher erscheinenden Abwesenheit des Vaters deutlich. Du spürst, du vernimmst sie wie ein Donnergrollen an den Außenwänden des Kinesischen Zimmers, die mittlerweile dein Bett eng umstellen, jedoch mit ihren bunten Tapeten noch eine tröstliche Vielfalt und Weite vorspiegeln. Das Grollen des Vaters steht in keinem erkennbaren Zusammenhang zu dem, was du gerade tust oder getan hast. Es scheint schon immer dagewesen zu sein und wird gewiss deine Existenz überdauern. Gewissen Büchern könnte man entnehmen, dass es unmittelbar mit dem Akt deiner Hervorbringung entstand. Man sollte das Grollen als Urlaut, als nicht enden wollendes Echo des furchtbaren Zeugungsschmerzes auffassen, unter dem dein Saatkorn in die Furche der Welt gesetzt wurde, sei es nach der amerikanischen, sei es nach der kinesischen Methode. In beiden Fällen muss man sich entsetzliche, langwierige Strangulationen vorstellen, oftmals verbunden mit dem Stoß eines nackten Fußes in ein wehrloses verzerrtes Gesicht. Doch hörst du niemals einen direkten Vorwurf des Vaters. Deine Nahrung trifft zuverlässig, ja unerbittlich ein, und er schenkt dir einen Atemzug nach dem anderen, als wäre sein Grollen nur eine fortdauernde fürsorgliche Prüfung der Anwesenheit der Luft, die du zum Überleben benötigst.

Während der Schulzeit scheinst du zahlreichen bemerkenswerten Tieren begegnet zu sein. Noch heute kommen einige davon in dein Zimmer, nicht gerade zu Besuch, aber in der eiligen Durchquerung, bei der Ausübung ihrer Geschäfte oder dem Verfolgen ihrer meist schwierigen Angelegenheiten, der Biber etwa, dessen Traum ein großer Marsch seines Volkes auf einem Meer zugespitzter Pfähle ist, oder die faustgroße Wespe im qualvoll taumelnden Versuch eines geradlinigen Segel- oder Schwebeflugs. Unter der Matratze brüllen Ameisenlöwen Tag und Nacht. Auf deiner Bettlade hockt bisweilen eine schwatzhafte weiße Dohle, deren Absichten ihr selbst immer unergründlicher werden. Die tote leichte Maus in deinem Ranzen soll gestorben sein, weil sie der Einübung des Tanzes auf engstem Raum den Vorrang vor der Nahrungssuche gab. Das klägliche Ende des Nagetieres könnte dich nachdenklich stimmen. Denn mittlerweile sind die Wände des Kinesischen Zimmers, des American Room, so dicht an dein Bett herangetreten, dass du nicht einmal mehr die Beine von der Matratze herabbaumeln lassen kannst. Jedoch erfreuen dich immer noch die bunten Tapeten mit ihren kurzweiligen Darstellungen. Sie zeigen den Alltag der Kinesen, die mithilfe endloser Leitern die höchsten und zugleich schmalsten Gebäude der Welt errichten, und Kunststücke der Amerikaner, etwa das Herabrutschen mit dem ganzen Sattel unter den Bauch des Pferdes, von wo aus sie einen Pfeil direkt in das Auge des Gegners schießen.

Da sowohl deine Schwester als auch dein einziger, schweigsamer Freund leichthin durch die Wände deines Zimmers gehen, beschließt du eines Tages, es ihnen gleichzutun und dein Studium aufzunehmen. Die Menschen, die du bislang erblickt und gekannt hast, weil sie auf den Tapeten abgebildet waren oder sich nachts auf deine Bettkante setzten, eine Hand auf deine nackte Brust legten und von ihren Sorgen berichteten, scheinen nun sämtlich die fest zusammengebackenen Häuser zu bewohnen, zwischen denen du in der einzigen Lichtstunde des Tages, dem akademischen Zwölftel, rasch die Vorräte kaufst oder deine Notdurft verrichtest. Es sind die alten Helden, mit denen du aufgewachsen bist und die dich wohl nie verlassen werden: Sisyphos mit seinem weitmaschigen Einkaufsnetz, Odysseus, der ihm folgt, Sancho Panza, welcher eine Art lebendes Weinfass reitet und an einer bahnbrechenden Erfindung zu arbeiten vorgibt. Mit deinem Studium treten nun auch immer mehr Vertreter des üblichen Volkes in dein Dasein, vornehmlich Artisten, Frauen und Beamte.

Du wohnst bald schon bei Braunschweigia, die ein enges Zimmer besitzt und einen schmalen Balkon. Dein Studium findet dort in den Nächten statt. Zwar sind sie vollkommen schwarz und sternenlos. Jedoch hast du ein Licht an deinen schachbrettgroßen Schreibtisch geklemmt, und wenn du aufschaust, siehst du an den gegenüberliegenden und den schräg wie Rammböcke oder Eisbrecher auf deinen Häuserblock zustoßenden Fronten der Nachbargebäude die kleinen Lichter der anderen Studenten, welche dir zehn Jahre lang die Gestirne ersetzen mit ihren ganz eigenen funkelnden Konstellationen des Widders, des Dachses und des großen, auf dem Rücken liegenden Käfers. Dein Lehrbuch, Klumpps Anatomie, vergrößert auf jeder Seite eine Verkleinerung immer mehr, stets so, dass du am Ende der Nacht zweihundert Details in deinem Gedächtnis verankert haben musst, Fakten, die wie Akupunkturnadeln die bleichen Objekte der Wissenschaft spicken.

Tagsüber, in den Sommern, erhellt sich manchmal die Finsternis für beinahe zwei Stunden. Dann gehst du nach den Einkäufen den Liebesgeschäften mit Braunschweigia nach, der Künstlerin, die dir dafür umsonst den Balkon zum Studium überlässt. Um den Anforderungen ihres Berufs zu genügen, bei dem sie einen langen gewaltigen Gesang auszustoßen hat, scheint es ihr ratsam, immer mehr zu schlafen und immer mehr Nahrung zu sich zu nehmen. Du musst mit deinen Studien ein Ende finden, da Braunschweigia schließlich mit ihren vibrierenden weißen Wölbungen das gesamte Zimmer auszufüllen droht. Hättest du ihren Gesang je gehört, wärest du womöglich, wie viele ihrer männlichen Zuhörer, die trotz der bekannten Gefahr keine ihrer Aufführungen versäumten, dem Wahnsinn verfallen, den die vollkommene Kunst hervorzurufen pflegt.

So aber scheidet sie dich eines Tages, der glücklich mit dem Ende deines Studiums zusammenfällt, gleichsam und tatsächlich bei lebendigem Leibe aus ihrem Zimmer aus. Du kannst nicht mehr auf den Balkon zurück, auf dem die letzte Seite deines Lehrbuchs wie unter einem ewigen Licht verbrennt. Draußen vor der Tür kam dir zum ersten Mal wieder das Kinesische Zimmer in den Sinn. Du scheinst es vor langer Zeit endgültig verloren zu haben. Doch dann, während du in der schmalen Gasse zwischen den Wohnblöcken zögerlich einen Ausgang suchst und die abschätzigen und zweifelnden Blicke der Passanten dich vorantreiben, geht dir auf, dass es sich während der ganzen Zeit in dir befunden hat. All die Details der Details, welche du dir in den Jahren auf dem Balkon und bei dem Repetieren auf Braunschweigia eingeprägt hast, waren im Grunde nur die Mosaikbausteine eines Spiegels, der, nun in deinem Inneren wieder zusammengesetzt, die Erinnerung an das Zimmer getreulich wiederzugeben vermag. Das Ziel deiner Bildung war also erreicht. Solcherart gerüstet, konntest du das Leben beginnen. Es war kurz, labyrinthisch und abstoßend. Ein halbes Jahrhundert verbrachtest du in der Amtsstube des Mäusel, eines Grundstücksverwalters. Mehrmals wurdest du angeklagt, mit Inhaftierung bedroht und mit Gerüchten und Verleumdungen belastet, die über dir hingen wie ein Fallbeil. Du hast die Amerikaner besucht, konntest dich aber nicht von den Küsten ihres Kontinents lösen, sodass du sie wohl umfuhrst oder immer nur von der Seite her betrachtet hast, als hättest du das Land der Kinesen nur von einem endlosen Spaziergang auf der Krone ihrer Mauer kennengelernt. Der infernalische Zeugungsschmerz suchte dich heim, aber es erschienen zu deinen Lebzeiten keine Nachkommen. Dein schweigsamer Freund spricht jetzt im Alter wie ein Wasserfall, jedoch drängt er dich damit immer mehr in die Ecke.

Zwei Wände, die eigentlich einen rechten Winkel hätten bilden müssen, scheinen nun alles zu sein, was dir bleibt. Die Ecke, in die du immer tiefer dich hineinzutreiben versuchst, erscheint wie das Innere einer scharfen Kante. Als du so arg in sie gezwängt bist, dass du keinen Atemzug mehr nehmen kannst, als du glaubst, nicht mehr nur keinen Raum, sondern auch gar keine Fläche mehr zu haben, kehrt das Kinesische Zimmer zurück. Es wächst aus dir heraus. Bald liegt es eng an dir, wie eine zweite Haut. Dann bildet es einen bequemen Karton, in dem du wie in Seidenpapier eingewickelt auf dem Rücken ruhst, in einem Sarkophag wie ein neues Paar Schuhe. Das Grollen des Vaters ist plötzlich wieder zu vernehmen. Allerdings gemahnt es mehr an ein Röcheln oder Schluchzen. Deine Schwester legt sich kurz zu dir. Deshalb dachtest du wohl an ein Paar. Sie versichert, wie gut es für dich sein wird, in noch recht jungen Jahren eines schrecklichen Todes zu sterben, aber dafür weder das Alter noch die Zukunft erschauen zu müssen. Dann schließt sich das Kinesische Zimmer, The American Room, endgültig wieder wie die dunkle Schale einer Auster, und du sinkst hinab in den Bau unter der Matratze, als solltest du dort einhundert Jahre verbringen wie im Schlaf.

Ankunft

Wenn man es einige zehntausend Male erlebt hat, stellt sich ein gewisser Überdruss ein. Schon wieder hinaus!, sagt man sich und würde gerne noch eine Runde dahintreiben oder sich genussvoll in amphibisch-astronautischer Zeitlupe um die eigene Achse drehen. Aber bald schon wird für jenes schlingende Unbehagen oder pränatalletale GruZZeln gesorgt, das einem den Abschied nahelegt. Dann ist es, als hätte man die wirklich letzte Gelegenheit, einem PhlOx zu entkommen oder den Fangarmen eines magellanschen Riesenkraken. Bleibt man dennoch, in selbstmörderischem Heldenmut, droht das blaue (je nach BioSTA-TUS auch grüne, gelbe, altrosafarbene) Wunder. Wie durch eine Falltür oder gar von einem interstellaren Katapoltschik geschossen, wird man hinausbefördert. Nur schaudernd denke ich an die scheußliche Sitte auf Chirax, wo einen die MÜDDer aus den Nasenlöchern blasen, wodurch rechtsseitige und linksseitige Geschlechter entstehen (deren Fortpflanzung später allein durch heftiges synchrones Niesen möglich ist).

Auf die Welt kommen – das will ich hier, in diesen schon wieder drängenden Minuten, ganz deutlich sagen –, ist eine reichlich uninteressante, oft auch noch sinnlos schmerzhafte Sache. Es ist das letzte, erbärmliche Stadium einer Entwicklung, die mit einem absoluten Höhepunkt beginnt, nämlich der ZEUGung. Für die Bewohner irgendwelcher schlüpfriger und hämischer Planeten sei betont, dass ich damit die subjektive Perspektive der NOVITÄT, der oder des Gezeugten, meine und nicht etwa die inneren und äußeren Zustände der zwei, fünf oder acht Parteien in den Zeiträumen (Minuten oder Monaten), in denen sie Nachwuchs erschaffen. Innerhalb der NOVITÄT, im Augenblick des stillen Urknalls der ZEUGung, wird sofort der Höhepunkt der Schöpfung erreicht. Dies gilt für jede Art Leben der Weltsoweitwirsiekennen (undwirkennenverdammtvieldavon), für die Hadopten auf Ulzera, für die siebenfüßigen Schraubsauger auf Kreton ebenso wie für die plastomeren fünfgeschlechtlichen Hysteriden im großen Phänomenalnebel, welche sich aufgrund ihrer nervösen Zerfahrenheit nur alle 368 Jahre auf einen TöRN einigen und sich zur Fi-ST schließen können, aus der in mehrtägigen ERitatIONEN der kichernde spiralförmige Nachwuchs hervorschießt. Am Anfang aber (aAa) und nur dort ist alles Leben vollkommen, großartig, UNIVERSELL im einzig wahren Sinne.

Jener Augenblick der Verschmelzung (Zerbräterung, wie es vielerorts heißt) kann natürlich weder in Worte noch in Phlogistone gefasst werden. Es ist die vollkommene gedankliche Einheit der NOVITÄT mit dem Universum, innerhalb derer uns alles klar, gewiss, transparent, luzide, semaphor und fummelig erscheint. Wir sind selig durchdrungen vom Allwissen, Allerkennen der Allgegenwart ALLER (AAAA): Flamme im Weltenfeuer, Schrund unter den Schründen, Geysir im kosmischen Ozean. Die Jahre, Sekunden oder Jahrtausende dieses Urzustands der NOVITÄT, in dem die Zeit derartig vergleichswirr (reSTRINGiert) wird, dass sie einen sogenannten SaLAT bildet, stellen den gewaltigen Berg dar, von dem aus jedes Lebewesen nur noch abwärtsgehen kann, im Zuge der individuellen kosmischen Devolution, während der man im Mutteroder Vaterleib zu reifen beginnt, sich knospig oder gschaftelig vergrößert und vergröbert, um bald schon erkenntlich embryonal zu werden, etwa in der Form eines intra-uterinen mittleren Strozzlers auf Centauri, der bei einem EIQ von 1045 bereits schlappe 39 terrestrische Tonnen wiegt, oder eines BURNhardiner-Fötus, bei welchem sich bis zu einem Gewicht von 8 Ronz bzw. 72 Grämm noch eine Denkfähigkeit in der Größenordnung von 17 Eulern vorfindet.

EIQ, BURNhardiner, Grämm ... die Beispiele, die seltsamen Maßeinheiten, die mir hier vermehrt in den Sinn kommen, erschrecken mich. Sie nähren einen üblen Verdacht. Schließlich macht man sich gegen Ende der Degression oder Gravität, wie es mancherorts heißt, infolge der Gravitation auf den leider unumkehrbaren Weg zur Planetenoberfläche in jedweder Gestalt und erlaubt sich einige letzte vernünftige Gedanken über die eigene Zukunft. Diese ist allerdings gleichgültig. Sie kann im Grunde als ein Sterben betrachtet werden oder als GeSPUCKT-Sein, wie es bei den Kieergianern heißt. Alles zuvor war besser. Denn nach dem Zusammenbruch des SaLATs, in dem wir jene Unio mystica oder Verpflocktheit (ebenfalls ein kieergianischer Begriff) schon lange besaßen, die in den Wirren des GeSPUCKT-Seins nur noch einige wahnsinnige Eremiten anstreben (und zwar vergeblich, weil sie auf die Zukunft zielen), finden sich immerhin noch ganz großartige Zwischenstadien des Niedergangs. Eine drei Erdentage zählende NOVITÄT erinnert sich im Allgemeinen noch an die Lebensformen, kulturellen Höchstleistungen und technologischen Besonderheiten etlicher Galaxien. Man fühlt sich kolossal, etwa wie ein gigantisches kosmisches Lexikon, das sich in unendlichem Verzücken unendlich oft selber liest. Auch noch einen Schmeck (12 terrestrische 24-er Einheiten) später sind die inneren Zustände ganz außerordentlich. Man treibt dahin, man fleZZiert, man erinnert sich an historische Glanzlichter in verschiedenen Galaxien wie etwa die Erstellung der tausendbändigen Samurischen Ethik, die großen Schlachten auf Cibolia oder die berüchtigten monstranten Urlaube auf Clyx, bei denen fast immer Familienangehörige in den Borzzeln verloren gehen, man aber für jeden ABgang neue sensitive Hörner am Rücken bekommt.

Jetzt denke ich schon sehnsüchtig zurück an die meditativen Phasen, zu denen man imstande ist, bis etwa drei Viertel des galaktischen Wissens im Embryo verschwunden und verkommen sind ... Die Visionen, die immer noch bleiben, wenn das letzte Viertel der universalen Kenntnis und Weltenerinnerung auf einen STutz (entspricht dem kollektiven Gedächtnis von 345723 Erdlingen) eingedampft wurde ... Die trotz der unfasslichen Geisteszerrüttung noch brillanten Einfälle, tiefen Meditationen und denkerischen Ekstasen, zu denen sich eine uterin uralte NOVITÄT aufbäumen kann, bevor sie vor dem/den Einsaugstutzen des/der Geburtskanäle in Stellung gebracht wird! Dann aber kommt die Zeit, wie nun hier und jetzt, in der man von der einstigen kosmischen Identität nur noch schummrige Ahnungen hat. Eingezwängt und schon angesaugt, reduziert sich alles Denken bald auf die jämmerliche Frage, wo man nun landen wird. Natürlich ist das Wohin des GeSPUCKT-Seins gleichgültig, aber man weiß doch, dass es wehtun kann. Und so fragt man sich, frage ich mich jetzt, während mich ein feuchter dunkler Schlund pressend vorantreibt, mich grausig hinauswürgt wie jene ... jene ... Strumphottern auf ... Ketonia ... frage ich mich mit fasrigem Gedächtnis und einem rhythmisch gequetschten Organismus (über dessen Konturen ich mir Weißgrott oder ... grott Weiß keine rechte Vorstellung machen kann), als welche Lebensform ich nun das prinzipiell verachtenswerte Licht des GeSPUCKT-Seins erblicke.

Da sind gewisse Innen- und Außengeräusche, die vage Anklänge an bestimmte Planeten haben. Selbst die kläglichen Reste meines Urwissens genügen nun, um mir auszurechnen, wo ich garantiert nicht hinkomme. Weder kann ich mich auf das NEZZ der Salayyaner freuen, in dem ich mich mit Milliarden vollkommen gleichartiger CUHmpanNeros im Nanometerbereich Jahrtausende lang fraZZeln kann, noch steht mir das relativ behagliche heiße Leben auf Morrum bevor als einer der großen Schlammwürmer, deren Gesang alle Kometen zersprengt, die sich auf weniger als 10 Mayles nähern. Ich werde nicht als fröhlicher Wiesenquiesling auf den blühenden AUhen von Zerbera springen (gefährdet allerdings von Philosoffen, die sie im Ganzen verschlingen und – ohne ihnen den herrlichen Umweg über eine NOVITÄT anzubieten – in vivo und also lediglich trivial zurückspucken), und auch das verwirrende und betörende Dasein der SeventiYener, die in bis zu 17 Dimensionen existieren und sich in hochkondensierten Nullitäten durch exzentrische Gruppungen in den Seitenschlitzen mehren, steht mir leider nicht bevor.

Noch ... jetzt, in dieser entsetzlichen Kälte und Rauheit des Übergangs ... HIER nun, geSPUCKT, gefallen, geschMissen in eine neue ENTITÄT, verspüre ich ein letztes Aufflackern meiner einstmals so universellen Intelligenz und werfe einen letzten kundigen Blick hinaus, der vor dem Hineinsturz in die Dunkelheit und Dumpfheit eines wie auch immer GeSPUCKTen sich ein Schreckensbild seiner ARTung im Ausgeworfen-Sein zu machen imstande ist. Durch die Schleier und Nebel der Auslöschung sehe ich ... einen Augenblick lang positiv überrascht und erfreut ... zwei großköpfige Organismen, die ich ihrer warmen Ausdünstung wegen für Cepherotiker (in nicht wenigen Welten als ZeitFalter gerühmt) halte, bevor mir diese eigentümlichen Gerüche in die Nüstern (flache Nousdrills?) kommen, die ich nur von jenem ... Planeten her kenne, jenem Planeten, in dessen Schrecken erregender historischer Kaskade schon immer und wohl immerdar Ort und Zeit der AUSSTOSSUNG entscheidend sind für alles weitere Geschick der GeSPUCKTen: MÜRrEN! WHYRAUCH! Mein feuchter Blick erkennt durch ein Loch im Dach die kalt blitzende Sonne der Dryaner, er verfängt sich im Sackleinen der Gewandung eines Gesichtsbehaarten, des sogenannten Vahders. Und schon brauche ich nicht mehr zu hoffen, als Held, als Kaysherr oder Futzballstar dahinzuvegetieren bis zu meiner nächsten Wiederkunft als NOVITÄT. Denn das ... jene Großkopfigen ... sind nur THYRE! Es gibt kein Allwissen, Allerkennen der Allgegenwart ALLER, kein AAAA mehr, sondern nur noch das IAAA dieses blödsinnigen Etzels oder EZels und das Pfeifen seines OX, und der Vahder vor mir ist eindeutig der bekannte CarPENNTer. Das Stroh zwickt, die heilicken drei Spreißler treten heran, »BetLEMhem!« schießt es mir durch den, wie ich nun weiß, bloß einen, bloß zweiäugigen, bloß paarohrigen Kopf, und ich muss und darf mir aber auch nun endgültig sagen: Auf diesem Planeten werde ich nicht alt!

Orpheus / Gesang der Köpfe im Styx

Die Dunkelheit und der reißende Fluss könnten uns glauben machen, wir besäßen noch einen Körper. Weil das unablässige Aufeinanderschlagen unserer Gliedmaßen in den schwarzen Wirbeln und Katarakten uns immer wieder mit Schmerz und Lärm bis zur Ohnmacht betäubt, vermag man sich einzureden, man spüre die Brust oder die Arme und Beine gerade nicht mehr. Doch allein schon durch die Art, wie unsere Köpfe im Fluss tanzen, kippen, sich jäh aufrichten und gegeneinanderprallen, wird uns unerbittlich aufgezeigt, dass sie alles sind, was von uns geblieben ist. Was tun mit diesem Haupt als Rest, da wir körperlos, endlos, ohne begreiflichen Sinn in den um die Hölle gewundenen Schlingen des Flusses treiben? Wütendes Denken, trübe Erschöpfung, labyrinthischer Schlaf. Mit der Zeit speit fast jeder die silberne Münze aus, die ihm liebende Angehörige unter die Zunge geschoben haben. Es ist dann möglich, jenen furchtbaren Schrei von sich zu geben, den man immer wieder in den Strudeln hört. Doch wir können auch nur gähnen oder das tränensaure, gewalttätige Wasser schlucken und gurgeln, das uns umherwirbelt. Manche küssen sich, manche verbeißen sich ineinander. Aber das

währt infolge der mächtigen Strömung und der un-
ablässig an uns reißenden Kräfte nur kurze Zeit. Ob
wir tagelang heulen und wüten sollen, weil man den
Körper von uns geschnitten hat, oder jubilieren, weil
wir immer noch existieren und das salzige Wasser uns
nährt, ist eine strittige Sache.

Einer nach dem anderen ergreift schließlich das
Wort. Dass wir uns verstehen, jeder aus der Gruppe,
der Traube, dem Büschel von eng beieinander durch
die Fluten tanzenden Schädeln, scheint im Grunde, auf
der schäumenden Oberfläche des Wassers vielmehr,
das letzte Wunder, das sich für uns vollzieht. Zeitweilig
sind wir vereint, wie eine Mannschaft von Ballspielern,
welche die Köpfe aneinanderdrücken, um sich über
eine List zu beraten, die der Gegner nicht erlauschen
soll, oder wie Sterbenskranke, deren Betten man nahe
zusammengeschoben hat, damit sie sich gegenseitig
trösten, weil man sonst nichts mehr für sie tun kann.

Wie wir hierher gelangt sind, wäre ein Thema,
indessen ein sinnloses, da keiner es weiß. Es gibt nur
das Leben, als ferne Erinnerung. Dann den Kopf im
tosenden Fluss. Große Beichten werden begonnen,
jedoch in den Stromschnellen rasch unterbrochen.
Manche rufen sich zu, was sie in der Finsternis sehen
und erkennen können, manche versuchen, in den
kurzen Phasen unseres Zusammenhangs oder unserer Zusammenpressung etwas über eine verlorene
Liebe oder einen verstorbenen Freund in Erfahrung
zu bringen. Auch drängt es viele, neues Wissen über
die Unterwelt zu erwerben, über den Tartaros, die

Eumeniden oder die Gebräuche des Charon. Unser wichtigstes Thema aber ist und bleibt Orpheus. Es kann nicht anders sein. Beginnen wir ein Gespräch über den Sänger, können wir stets mit dem größten Interesse der anderen Köpfe rechnen. Nicht wenige behaupten, dabeigewesen zu sein, als Charon, zu Tränen gerührt über Orpheus' Klagelied, den Sänger ins Reich der Toten übersetzte. Auch wenn es hier und da anders berichtet wird, scheint es nicht unwahrscheinlich, denn der Styx treibt während einer einzigen Überfahrt Hunderte von Köpfen vorbei, von denen etliche hart gegen das unsinkbare Erz des Kahns schlagen. Zum Trost, behaupten manche, hätten sie etwas von dem wunderbaren Gesang vernommen, Takte wenigstens oder Fetzen. Sie bemühen sich nach Kräften, das Gehörte wiederzugeben, und scheitern, zumeist mit groteskem Gegurgel.

Keiner von uns vermag wie Orpheus zu singen. Keiner von uns hatte Eltern wie er. Allenfalls könnten wir in den schwarzen Katarakten unserer endlosen Wasserfahrt hoffen, unser Vater, ein Oiagros, wäre ein Gott des Flusses und würde uns eines Tages im Styx finden und erlösen. Von Liebe verblendet, möchten wir auch unsere Mutter für die weiseste und schönstimmigste der Musen halten. Die Lyra des Orpheus beweist jedoch, dass sein wahrer Vater niemand anderes als Apollon selbst gewesen sein muss. Wer sonst könnte ein solches Geschenk machen? Bemerkenswert ist vielleicht nur, dass wir weder Kalliope noch Oiagros oder gar Apollon benötigten und auch nicht die unübertreffliche Sangeskunst des Orpheus, um eine Zeit lang ganz empfunden zu haben wie er. In unserer Kindheit nämlich glaubten wir uns eng verwandt mit Tieren, auch mit solchen, die seit Jahrtausenden nicht mehr die Erde belebten. Ein gegen uns wütendes Meer war uns nicht denkbar, ja überhaupt keine Natur, die sich so feindlich verhielt, dass sie unser Leben hätte bedrohen können. Sirenen, die wir hätten übertönen müssen oder deren Lockung und Gefahr wir nur durch Listen der Selbstbetäubung, durch unmenschliche Disziplin oder freiwillige Fesselung entgehen konnten, waren uns kaum vorstellbar, und Berichte über sie brachten uns zum Lachen.

Die Welt, so könnte man es zusammenfassen, neigte sich einmal freundlich über uns. Und bei nicht wenigen fiel aus den Bäumen eine wilde Nymphe, ein ebensolcher Jüngling, ein blühender junger Mensch, Eurydike genannt. Einige, die mit uns durch die Fluten gerissen werden und von denen wir wohl annehmen dürfen, dass sie die Liebe in jungen Jahren nicht erleben durften, haben spöttisch durch das Tosen des Wassers gebrüllt, dass man bei einer Nymphe doch niemals wissen könne, woran man sei. Es könne sich eine Jungfer, eine selbstbewusste junge Frau oder eine saure Vettel auf unseren Gesang hin aus den Ästen lösen und uns in die Arme fallen. Die Baumnymphen erschienen immer in Gestalt eines Mädchens auf der Schwelle zur Frau. Man wisse jedoch, dass sie mehr als tausend Jahre alt werden könnten, ganz wie die Bäume, mit denen sie verschwistert seien.

Von jener Eurydike, die sich aus ihrer Baumkrone auf Orpheus herniederließ, ist indes das jugendliche Alter verbürgt. Mögen die unbefriedigten Köpfe im Styx geifern und sich ausmalen, wie eine siebenhundertjährige Matrone in Gestalt eines jungen Weidenstämmchens dem siebzehnjährigen Sänger ihre vermeintliche Unschuld darbietet. Wer dergleichen in seinen frühen Jahren nicht erlebt hat, kann den stürmischen Frühling zwischen Eurydike und Orpheus kaum nachempfinden. Mag er auch das Ende verstehen, so bestimmt nicht den jubilierend aus der Knospe brechenden Anfang. Wir sprechen nicht allein von einem innigen Spaziergang, einem Händchenhalten oder dem ersten scheuen Kuss. Wir reden der erstmalig erfüllten Liebe eines sehr jungen Paares das Wort, den weiß und rosawild blühenden und glühenden Umarmungen, vom Schlagen der Nachtigall bis zum Ruf der Lerche. Anstelle von Gerüchen nur der Duft, anstelle von herber Routine das rastlose Entzücken, statt keuchender Mühe nur schwebende Elektrizität, Wiederholung ohne Abschwächung, die Morgenröte in jeder Pore der Nacht.

In einer solchen glücklichen Erfüllung der Jugend kann man sich den Tod nur als einen anderen Liebhaber vorstellen, als einen gleichrangigen Konkurrenten, der einem zum Verwechseln ähnlich sieht. Am Ende wird Aristaios, der Andere, in einer Höhle verschwinden, als hätte es ihn nie gegeben, und vielleicht existierte er niemals, mit seiner frisch blutenden Jagdbeute über den Schultern, umschwirrt von

Bienen, Honig auf den Wangen und Ambrosia auf den Lippen. Als Eurydike vor ihm floh, hatte sie ihn kaum recht erblickt, mehr erahnt als erspürt. Selbst seine Gewalttätigkeit war vielleicht nur die Heftigkeit ihres eigenen Empfindens bei der Vorstellung, es könnte noch viele Orpheuse geben. Schon der Anblick eines zweiten eröffnete ihr den unendlichen Verlust. Wir wissen nicht, weshalb eine Schlange eine Nymphe töten darf, ein Geschöpf, dem noch tausend Lebensjahre versprochen sind. Doch es mag sein, dass im umgekehrten Fall, wenn die Viper den begnadeten Sänger und Jüngling gebissen hätte, eine noch vernichtendere Botschaft als die eines tragisch frühen Todes auf die Menschen gekommen wäre, nämlich die der Unmöglichkeit, auch die allergrößte Liebe jahrhundertelang innig zu betrauern. Deshalb – und nicht nur, weil er so großartige Melodien und Lieder erschuf – ist es tröstlicher, dass Orpheus länger lebte als die Geliebte, die er unter den Lebenden und dann auch bei den Toten besang. In dem vergleichsweise kurzen Menschenleben, das ihm nach Eurydikes Tod noch blieb, in der Zeit bis zu seinem vierzigsten Lebensjahr, an dessen Ende ihn die Mänaden zerrissen, vermochte er es, wie etliche andere Trauernde auch, sämtlichen weiteren Liebesanträgen und Lustgelegenheiten zu entsagen, in Erinnerung und zur bleibenden Erhöhung seiner einzigen großen Liebe.

Gewiss konnte nur Orpheus einen Gesang anstimmen, der alle drei Köpfe des Höllenhundes zum Verstummen brachte und dann zu einem klagenden

Winseln. Als er entschied, durch die entsetzliche Tänarische Pforte hinabzusteigen ins Totenreich, musste Orpheus damit rechnen, von Kerberos zerrissen zu werden oder daran gehindert, wieder ins Leben zurückzukehren, falls er auf irgendeine Weise an ihm vorbei in den Hades gelangen könnte. Doch er vertraute seinem Gesang. Diesen Wahnsinn der Jugend sollten alle im Styx und im Acheron treibenden und kreisenden Köpfe nachvollziehen können, denn dazu brauchte es Eurydike gar nicht, sondern nur die groteske Unfähigkeit des jungen Menschen, an die Gefährdung des eigenen Lebens und an das eigene Ende zu glauben.

Als der medusische Höllenhund mit den Schlangenzotteln an den drei Hälsen winselnd niedersank, war für Orpheus die Hoffnung auf den Zutritt zum Totenreich erfüllt und zugleich die auf die Wirkung seiner Sangeskunst. Mit jedem Schritt, den er weiter durch die Finsternis hinabstieg – stets dem größten Gefälle nachgebend und also direkt hinab zum Tartaros, dem finstersten Kreis –, musste er spüren, wie der Tod in ihn hineinglitt, sich als schwarzer Nebel in ihm ausbreitete. Hades und Persephone blickten auf ihn herab, und dies bedeutete schon, ein Sterbender zu sein. Ohne seinen Gesang wäre Orpheus gleich hinter der Tänarischen Pforte tot zusammengesunken. Der Griff des Hades, der ihn seit dem Übertreten der Acherusischen Schwelle schwächte, als flösse das Blut direkt aus seinem Herzen, ließ ihn erbleichen und wanken, doch er minderte nicht die Kraft seines Lieds.

Da er vorankam, da er immer tiefer in die Finsternis gelangte, hörten die Herrscher der Unterwelt zu und wollten den Fortgang seiner Melodie vernehmen. Sie gestatteten es auch, dass die größten Frevler und Sünder sie zu Ohren bekamen. Im Grau der Seelen, das den Hinabsteigenden, nun fast schon Stürzenden, wie ein verzweifeltes Meer umfloss, die Konturen von Frauen, Männern, unglückseligen Kindern vorüberspülend, von denen nicht wenige den Sänger zu erfassen und zu umklammern versuchten, um ihm länger zuhören zu dürfen, aber erbarmungslos hinweggerissen wurden vom Strom ihrer Nachfolger, erhoben sich übergroße Gestalten wie von Schwefelfeuern beleuchtete lebende Monumente. Ihre Qualen, das einzige, traurige Theater der Toten, werden von den Köpfen im Styx zumeist heruntergespielt. Als übertrieben, grob und bizarr werden die Schauspiele etwa des Ixion und des Tityos beschrieben. An ein flammendes Feuerrad gefesselt zu sein, das sich unaufhörlich dreht, mag ebenso theatralisch erscheinen, wie seine stetig nachwachsende Leber zwei Geiern zu präsentieren, die sie einem ohne Unterlass aus dem offenen Leib reißen. Orpheus brachte das Rad zum Stillstand, und die Geier sahen auf und erstarrten, das baumelnde rote Fleisch in den Schnäbeln.

Dass sich beim Gesang des Jünglings der Wasserspiegel bis zu den Lippen des ewig gefesselten Mörders Tantalos hob und ihm erstmals eine der gnadenlos nah über seinem Kopf baumelnden Früchte in den Rachen fiel, dürfte Hades und Persephone ebenso erstaunt haben wie die pausierenden Geier und das stehende

Rad des Ixion, dessen Flammen zu erlöschen drohten.
Noch erstaunlicher und gefahrvoller für die Ordnung
der Unterwelt mussten ihnen aber die weiteren Aus-
wirkungen des Orpheus'schen Klagelieds erscheinen,
da es nicht nur die Tiere und die unbelebten Maschinen der Strafe erweichte, sondern die Verurteilten
selbst zu Handlungen befähigte, die das Prinzip der
Finsternis in Frage stellten.

So begannen die Erinyen am Fuß der Leiter, die sie
hinaufstiegen, wenn es galt, einen Sünder auf Erden
zu Tode zu hetzen, ihre grauen Gewänder zu zerreißen und sich die Schlangenhaare zu raufen. Aus ihren
stinkenden Augen, über ihre faltigen schwarzen Wangen rannen das erste Mal Tränen an Stelle des ätzen-
den Bluts. Als die nicht weit entfernten Danaiden, die
neunundvierzig Enkelinnen des Belos, die Furien um
Eurydike weinen sahen, hörten sie auf, das Wasser mit
ihren wie Siebe durchlöcherten Fässern zu schöpfen,
als könnte die Musik die Schuld und den Fluch von ihnen nehmen. Eine geheimnisvolle Kraft schien ihnen
zugekommen, das Joch der Strafe von sich zu werfen,
wie man es bald darauf auch bei dem Sisyphos sehen
sollte, als ihn die Melodien des Orpheus erreichten.
Er ließ seinen Stein im Talgrund ruhen, erklomm ihn
dann und blieb ruhig darauf sitzen, als verlangte die
Ankunft der Eurydike im Hades einen Feiertag.

Wie man an der erstaunlich langen Zeit sehen kann,
die dem Orpheus zum Singen gegeben wurde, und
ebenso an der Langsamkeit, mit der sich der Tod seines Körpers bemächtigte, war das dunkle Königspaar

von der Kunst des Sängers berührt. Als der Jüngling, kreidebleich, erschöpft wie nie zuvor in seinem Leben, aber auch stimmgewaltiger als je, vor Hades und Persephone trat, bot er ihnen zunächst den eigenen Tod an, um bei Eurydike bleiben zu können. Er sprach dann aber, kühner als irgendeiner zuvor, von Eros, der doch den König und die Königin zusammengeführt habe, sodass sie im Tartaros beieinander lebten, bevor er die gewagte Bitte äußerte, Eurydike für die knappe Zeit eines Menschenlebens noch einmal zurückkehren zu lassen. Wenn man ihr mögliches Lebensalter als Baumnymphe in Betracht ziehe, dann wäre es doch kaum frevelhaft, von einer kurzen Leihgabe zu sprechen, bevor das Paar unweigerlich und für immer dahin zurückkehren müsse, wo der Jüngling jetzt stehe, vergeblich hoffend, seine Augen vermöchten im immerzu um ihn herum wogenden, kreisenden, wispernden Schattenmeer die Gestalt der Geliebten auszumachen.

Noch nie war ein Lebender im Hades getötet worden. Noch nie war ein Toter ins Leben zurückgekehrt. Nur den Göttern stand es zu, sich frei zwischen den Reichen zu bewegen. Die schwarzen Augen der Königin, die sich veilchenblau färbten im Frühling, wenn sie hinaufeilte, um die gute Jahreszeit bei ihrer fruchtbaren Mutter zu verbringen, hatten sich bei der Erwähnung des Eros in Wut oder Schrecken geweitet. Während Hades schwieg und dem Sänger mit einer einzigen schrecklichen Bewegung seiner Hand den Weg durch das Meer der Toten wies, ergriff Persephone kurz das Wort. Ja, dort finde Orpheus seine Geliebte, und er dürfe sie ans Licht führen, unter der berühmten Bedingung.

Dass er von der Liebe gesprochen habe, sei sein erster Fehler gewesen, hört man oft von den im Styx kreisenden Köpfen. Wenn eine Frau wie Persephone, geschändet vom eigenen Vater, mit dessen Billigung von einem Liebestollen entführt wird, vom schrecklichsten König vielmehr, um erzwungenermaßen mit ihm am entsetzlichsten Ort der Welt zu wohnen, dann sollte man nicht von Eros reden. Persephone wusste genau, dass Orpheus sich umdrehen würde, da sie selbst, wenn sie am Ende jedes Sommers unerbittlich in den Tartaros hinabmusste, immer wieder zurücksah, zum Glanz der Erde. Während man den jungen Helden hinaufgehen sieht, von Hades an der Schulter gewendet und nach oben gewiesen, kaum dass er den Schemen Eurydikes gewahrte, rotten sich im Grunde schon die Köpfe zu einem zischelnden, wild spekulierenden und räsonierenden Pack zusammen, das seine Fehler bemäkelt und seine vermeintliche Dummheit verspottet.

Ein jeder glaubt, er selbst hätte den Hadestest bestanden, einen Trick, einen Kniff, eine List gefunden, wie sie jenem anderen berühmten Höllenbesucher bestimmt eingefallen wäre, der in eiserner Selbstbeherrschung auf der Schwelle der Unterwelt stehen geblieben war, als er den Rat der Toten suchte. Sofort hätte Odysseus die Geliebte auf den Rücken genommen, um mit ihr den totenstillen Pfad durch den Nebel zu erklimmen, oder er hätte sie geheißen, ihn von hinten zu umarmen oder die Hände fest auf seine Schultern zu legen und ihm schweigend zu folgen. Auf diese Weise wäre es unnötig gewesen, sich umzudrehen, aus Sorge, Eurydike könne nicht mehr Schritt halten oder sei vom Weg abgeirrt. Auch hätte man Eurydike – abgewandten Gesichts – an sich vorbeigehen lassen können, um sie dann an den Schultern zu dirigieren, wie es die Kinder zuweilen tun. Aber sie sei doch durch die Lüfte hinter ihm hergesandt worden, wenden manche ein. Ihre Wunde, vom Schlangenbiss in die Ferse stammend, wäre beim beschwerlichen Gang aufgebrochen, sodass sie einen Schmerzensschrei ausstieß, einen unwiderstehlichen Hilferuf. Die Macht des Eros sei eben wie ein furchtbares Ungeheuer, das die Liebenden einander zuwende, bevor es ihre Köpfe aneinander zerschmettere! So gehen die Erklärungen, die Entschuldigungen und Besserwissereien hin und her unter den treibenden Köpfen im Styx. Die meisten maßen sich jedoch an zu glauben, sie hätten Eurydike nicht verloren, kaum einer denkt, er wäre so schwach wie Orpheus gewesen. Hatte Eurydike darauf bestanden, das Gesicht des Geliebten zu sehen, um sicherzugehen, dass sie dem Richtigen nachging? Eine Tote wäre jedem ins Leben gefolgt! Zudem hätte Orpheus nur seinen Gesang wieder anzustimmen brauchen, um als der Einzige erkannt zu werden!

Weniger überheblich und selbstgewiss sind die treibenden Köpfe, wenn sie den erneuten Abstieg des Orpheus in die Unterwelt in Betracht ziehen. Ihr entschlossen, ja immer noch hoffnungsvoll hinterherzugehen, sogleich nachdem Eurydike, verzweifelt in die neblige Luft greifend, sich selbst umarmend, doch ohne Klage beim Anblick des geliebten Antlitzes zurückweichen musste, erscheint den meisten doch wahnsinnig oder ungeheuerlich kühn. Einige glauben allerdings festhalten zu müssen, dass Orpheus durch die Schwäche seiner Zuwendung die schlimmste Schuld auf sich geladen habe, die es geben könne, nämlich einem Menschen einen zweiten Tod zuzufügen! Wer – außer Phoenix, ein bloßer Vogel – habe Eurydikes Qualen je erleben müssen? Folglich konnte es die Last dieser Schuld sein, die Orpheus zwang, wieder hinabzuschreiten in die sumpfigen Tiefen, in das schwarze Schilf und den Morast des Kokytos an den bösen Gewässern. Es heißt, dass er bis zu unserem Fluss gekommen sei, dass man, um ihn zu strafen, Eurydike am Ufer erscheinen ließ und vor seinen Augen in den Kahn warf, dass der grimmige Fährmann, der beim ersten Anhören seines Gesangs zur Salzsäule erstarrt war, nun davonruderte wie ertaubt.

Orpheus soll an unserem Ufer weiter gesungen haben, sieben Monate lang. Weinend und im unablässigen Bemühen, seine Kunst fortzuentwickeln und zu steigern, trachtete er die Götter und den dunklen König ein zweites Mal zu erweichen. Manche von uns behaupten, im Tosen der Fluten, auf ihrer taumelnden Irrfahrt, die Weisen des Orpheus vernommen zu haben. Sein Gesang, von dem wir wissen, dass er später noch Tiger zähmte und in den Einöden, durch die er lange Jahre wanderte, staunendes Entzücken noch der wildesten und mörderischsten Kreaturen hervorrief, soll mit Eurydikes Tod allerdings die größte Wunderkraft verloren haben. Deshalb wäre Persephone, wären Hades und Charon nicht noch einmal von ihren fürchterlichen Prinzipien abgewichen.

Ob hilflos, haltlos, trostlos im Wasser tanzende Köpfe, in deren Ohren, Augen und Münder der Styx eindringt, die gegeneinanderschlagen und sich wütend beißen, die wahren Schiedsrichter für die olympische Kraft einer Stimme sein sollten, bleibe dahingestellt. Ebenso gut, wie wir daran glauben können, dass die vollendete Sangeskunst des Orpheus Einbußen erlitten habe, sodass sie noch Tiger rührte, aber nicht mehr die Götter, könnte man auf das eigentlich Furchtbare verweisen, nämlich auf die Abnutzung und das Verblassen jeglicher Kunst durch deren fortgesetzte Wiederholung. Schon bei der zweiten Darbietung und obgleich Orpheus vielleicht noch ergreifender und eindringlicher sang, vermochten es die Unsterblichen, seine Wünsche zu übergehen.

Wenn man aber denkt, dass der Verlust der vollkommenen Beglückung, die sich nur im Ursprung, in der Überwältigung der Frühe, bei der Geburt des Gefühls einstellen kann, schwerer wiegt als der des geliebten Menschen selbst, dann könnte man dem Biss der Schlange dankbar sein, welcher es dem Orpheus ersparte zu erleben, wie das Entzücken der Liebe immer unvollkommener und schwächer wurde mit jedem erneuten Besuch bei Eurydike. Böse Zungen in bösen Köpfen zischeln, genau deswegen habe Orpheus die Thraker die Liebe zu den Knaben gelehrt, während er Jahr um Jahr in seiner wütenden Trauer die zahlreichen schönen Frauen jeglichen Alters, die sich mit ihm verbinden wollten, verschmähte. Ging es ihm um die blanke Jugend, dann wäre Eurydike nicht der furchtbare Verlust gewesen, der ihn bis zu seinem Ende klagend umherwandern ließ.

Viele Köpfe glauben, während sie empfindlich gegeneinanderschlagen und unaufhörlich reden und debattieren, sie hätten es nicht nur im Totenreich besser gemacht als der Sänger, sondern auch in der Zeit danach, in der er trostlos durch die Wälder der Rhodopen und über die windgepeitschten Kämme des Hämos irrte. Sie hätten eine zweite und dritte Eurydike gefunden, und sie wären nicht so töricht gewesen, sich der Begierde der Mänaden zu widersetzen, sondern hätten lieber die eine oder andere Nacht mit ihnen geschwelgt. Dann wären sie eben nicht von diesen beleidigten und zurückgestoßenen wilden Frauen gepackt und in Stücke gerissen worden, während einer schaurigen Orgie, bei der Orpheus nichts weiter tun mochte, als vornehm zu singen.

Doch am Ende, hier und jetzt in den bitteren schwarzen Wassern des Styx, sind sie wie Orpheus in der letzten Spanne seines Lebens nur noch ein tönender Kopf. Viele wissen nicht mehr, wie sie ihres Körpers verlustig gegangen sind, wie er abgetrennt, zerquetscht, hinweggesprengt, geschnitten oder gebrannt wurde, und weshalb sie der dunkle König in den Fluss zu den anderen warf. Aber es ist kein Zufall, dass wir immer wieder in unserem ewigen Kreisen und Schlingern über den Orpheus debattieren und zanken. Wer eine Eurydike liebte, wer gemeinsam mit ihr sowohl das Lied der Nachtigall als auch das Jubilieren der Lerche vernahm und sie verloren geben musste, ist ohnehin ein Bruder des Sängers oder seine Schwester, wenn die Schlange einen Orpheus biss. Wer keine Eurydike erkannte, hat die Chance verwirkt, den Höhepunkt der Jugend zu erfahren. Aber selbst diejenigen, denen das Glück zuteilwurde, an Eurydikes Seite zu altern, müssen erleben, wie das Gift der Schlange in ihr wirkt. Ihre blühende Schönheit verblasst, wie die eigene Spannkraft dahingeht, und aus der Vollkommenheit wird klagende Erinnerung.

So hofft ein jeder, dass sein Gesang die Götter erbarmt und die Ungeheuer rührt. Den schlimmsten Fehler kann kein Sterblicher vermeiden: am Leben gewesen zu sein. Wie auch immer es anfing, so sind wir am Ende doch nur noch ein Kopf. Also treiben wir im schwarzen Wasser, Brüder und Schwestern, unserer Körper, unserer Jugend, unserer Begierden und Tollheiten verlustig, aber doch im Besitz dieser stillen und vollkommenen Bilder von Eurydike, als wir sie das erste Mal erblickten, ob wir sie tatsächlich sahen oder nicht. Wir müssen wie Orpheus enden, im großen klagenden Gesang, alle miteinander, bis Apollon, der einmal die Lyra schenkte und den Geist der Musik, uns schweigen heißt wie den Orpheus, der womöglich schon lange mit uns dahintreibt, mit geschlossenen Augen, glücklich und stumm.

Inhalt

Die vierte, fünfte und sechste Etüde erschienen 2013, 2014 und 2018 in der Zeitschrift *Sinn und Form*. Die siebte Etüde erschien erstmals in *Literaturen*, 2002, und dann als Hommage in dem Band *Franz Kafka, Die schönsten Erzählungen*, Aufbau 2008.

Thomas Lehr, 1957 in Speyer geboren, lebt und arbeitet als freier Schriftsteller in Berlin. Lehrs Werk, das mehrere Romane umfasst, wurde vielfach ausgezeichnet, unter anderem mit dem Berliner Literaturpreis, dem Marie-Luise-Kaschnitz-Preis, dem Joseph-Breitbach-Preis, dem Bremer Literaturpreis, dem Spycher: Literaturpreis Leuk sowie dem Kranichsteiner Literaturpreis.

Bibliografische Information der Deutschen Nationalbibliothek
Die Deutsche Nationalbibliothek verzeichnet diese
Publikation in der Deutschen Nationalbibliografie;
detaillierte bibliografische Daten sind im Internet
über http://dnb.d-nb.de abrufbar.

© Wallstein Verlag, Göttingen 2024
www.wallstein-verlag.de
Vom Verlag gesetzt aus der Walbaum
Umschlaggestaltung: Eva Mutter (evamutter.com)
Druck und Verarbeitung: Pustet, Regensburg
ISBN 978-3-8353-5586-6